_______________ 드림

# 생각이 많아
# 잠이 오지 않을 때
# 읽는 책

# 생각이 많아 잠이 오지 않을 때 읽는 책

나카무라 마사루 지음 | 정연주 옮김

경향BP

프롤로그

# 나쁜 감정에 휩쓸려서 너~무 힘드세요?

안녕하세요. 일깨우기 전문 카운슬러 나카무라 마사루입니다.

이 책을 손에 들어주셔서 정말 감사합니다.

저는 현재 도쿄·오사카·하카타·오키나와에서 심리학에 기초한 세미나와 카운슬링을 주최하고 있는데, 고민거리나 사소한 걱정거리를 가진 사람들에게 본인의 감정을 마주하게 하여 편안한 마음으로 일상을 영위할 수 있는 방법을 가르치고 있습니다.

사실 저도 예전에는 화를 잘 내는 성격이어서, 사소한 일에도 부글부글 짜증을 끓어올리며 살았습니다. 레스토랑 종업원이나 편의점 점원의 서비스 태도에도 하나하나 예민하게 반응했지요.

'나는 고객이라고. 어째서 더 배려해주지 않는 거야!'라고 속으로 투덜거리며 불평했습니다. 그런 다음 자신의 행동을 반성하며 기가 죽고…… 이러한 상태에서 벗어나고 싶어서 감정 컨트롤에 관한 책을 찾아서 읽고, 심리학이나 자기계발 세미나에 다니는 나날을 보냈습니다.

그러나 경제적인 이유로 그런 생활도 길게 유지하지 못했습니다. 그래도 어떻게든 상황을 해결하고 싶어서, 세미나 스태프로서 다양한 세미나에 참가하는 쪽을 선택했습니다.

이렇게 몇몇 세미나에서 스태프로 일하면서 8년간 약 2만 명이 넘는 저와 비슷한 고민을 가진 사람과 만났습니다.

세상에는 감정을 컨트롤하려고 발버둥치는 사람이 정말 많았습니다. 그런데 이상하게도 세미나에 온 사람 중에는 파란만장하게 살고 있거나 좋지 않은 경험을 한 사람이 오히려 평온하게 보였습니다.

'어째서일까?'라는 생각에, 그 수강생들을 가만히 관찰해보았습니다. 때로는 직접 질문을 던져보기도 했습니다.

그러자 그들이 실천하고 있는 '감정 컨트롤법'이 보였습니다.

물론 평온하게 살고 있는 사람의 인생이 반드시 평온하다고는 말할 수 없습니다. 짜증이 나거나 침울해지거나, 슬프거나 무서워서 옴짝달싹할 수 없게 되는 등 부정적인 감정은 누구에게나 비슷하게 밀려들기 마련이니까요.

하지만 파란만장하게 살고 있지만 마음이 평온한 이들을 보면서 그러한 감정을 신중하게 다루면, 제대로 정리할 수 있다는 점을 알았습니다.

곧바로 제가 직접 실천해보니 효과가 눈에 띄게 나타났습니다. 이후 제 인생에도 나름으로는 심각한 사태가 줄줄이 발생했지만, 이제는 기분 좋게 웃으면서 넘어갈 수 있습니다.

이러한 방법을 제 학생들에게 실제로 적용해보니, 재미있게도 그들에게도 효과가 있었습니다.

구체적인 효과로는

- 새로운 남자 친구(여자 친구)가 생겼다.
- 하고 싶었던 일로 전직했다.
- 결혼했다.
- 아내에게 사과했다.
- 초콜릿을 먹는 버릇이 나았다.
- 아이와의 대화가 늘었다.
- 잔업을 거절할 수 있다.
- 술집에서 푸념하지 않는다.
- 해외에 나가본 적이 없었는데 세계 일주를 했다.
- 해외에 이주했다.

- 개업했다.

등이 있었습니다.

여러분이 정리하고 싶은 감정은 다음과 같은 것들일 겁니다.

- 사소한 짜증을 떨쳐내고 싶어서 마음이 초조하다.
- 기분이 한번 가라앉으면 좀처럼 회복되기 어렵다.
- 타인의 평가가 신경 쓰여서 마음먹은 대로 행동하기 어렵다.
- 용기가 나지 않아서 새로운 일에 쉽사리 도전할 수 없다.

여러분도 저와 마찬가지로 지금까지 감정을 컨트롤하지 못해서 고민했겠지요. 그리고 이런저런 시도를 해보았을 것입니다.

- 뛰어본다.
- 명상을 해본다.
- 요가를 해본다.
- 설탕을 끊어본다.
- '고마워.'라고 자신에게 계속 말한다.
- 파워 스톤을 달아본다.

한마디로 지금, 온갖 방법을 동원하여 '감정의 파도에 휩쓸리지 않도록 애쓰는' 분이라면 이 책을 꼭 읽어주시길 바랍니다. 제가 즐겁게 일상을 영위하고 있는 많은 사람에게 배워서 실천한 감정 정리법에 관해 이야기이니까요.

사소한 일로 짜증을 내지 않고, 기분 좋은 나날을 보내기 위한 요령을 흥미롭게 읽어주시기 바랍니다. 여러분도 이 요령을 직접 실천하여 즐거운 시간을 보낼 수 있기를 진심으로 바랍니다.

차례

# 2장 좋은 기분이 좋은 사람을 만들어요

## 3장 날마다 행복하기로 마음먹으세요

## 4장 이제부터 가벼운 마음으로 삽시다

# 1장

# 걱정을 청소합시다

# 왜 언제나 '똑같은 일'에 부딪힐까요?

저는 교토에서 나고 자란 관서 지방 토박이입니다. 그런 제가 도쿄에서 강연을 시작했을 무렵, 도쿄 강연회 주최자가 이런 말을 했습니다.

"관동 지방에서는 '아호(바보·천치라는 뜻의 일본어)' 대신 '바카(바보·멍청이라는 뜻의 일본어)'라고 말해주세요."

이유를 묻자, 관동 지방 사람은 '바카'라는 말을 들으면 그다지 화가 나지 않지만, '아호'라는 말을 들으면 업신여긴다고 생각하기 때문이라는 대답이 돌아왔습니다.

깜짝 놀랐습니다. 왜냐하면 관서 지방 친구는 다들 '아호'라는 말을 들어도 "그렇게 말할 것까지야."라고 웃으며 넘어가기 때문입니다.

이는 '아호'나 '바카'라는 말 자체가 나쁘기 때문이 아닙니다. 자기 마음속에

- 들으면 화가 나는 말(짜증 포인트)
- 들으면 상처받는 말(침울 포인트)

이 있기 때문입니다.

그뿐만 아니라 들으면 기쁜 말, 슬픈 말, 말하는 이를 좋아하게 되는 말, 하대한다고 느껴지는 말, 성희롱으로 여겨지는 말, 차별당했다고 여겨지는 말 등이 전부 자기 안에 있기 때문입니다. 즉 기분을 좌우하는 원인은 '말'이 아니라 '본인 마음속'에 있습니다. 샐러리를 좋아하는 사람이 있는가 하면 싫어서 입에도 대지 못하는 사람이 있는 것과 마찬가지입니다.

자기 마음속에 화가 나거나 상처받거나 슬퍼하고 한탄하는 말이나 태도가 많이 있으면, 누군가 그런 말을 할 때 기분이 곧장 반응합니다.

그러므로 자신이 '아호라는 말을 들으면 당연히 화가 나잖아.'라고 굳게 믿고 있더라도, 다른 사람에게도 그것이 당연한 것은 아닙니다. 반대로 내가 보기에는 '저건 이상해.'라고 생각하는 타인의 반응 또한 당사자에게는 당연한 것입니다. 이런 반응은 자라온 환경 속에서 우연히 형성된 것뿐입니다.

관서 지방에서 태어나 자라면, 일상 곳곳에서 "너 아호냐?", "아호 같은 소리 하지 마라.", "아호 같은 짓만 하는구나."라는 소리를 듣습니다. 그래서 하나하나 반사적으로 반응할 일이 없습니다.

하지만 관동 지방에서 태어나 자라면 주변에서 '아호'라고 말하는 사람이 적겠지요. 그러니 '아호'라는 말을 들으면 반사적으로 화를 내게 된다, 그 정도의 차이입니다.

말하자면 '반사적 반응'이지요. 좋거나 나쁘다고 판단할 문제가 아닙니다. 자라온 환경에 따라 모르는 사이에 반응이 바뀐다면, 우연히 형성된 그러한 반응을 의식적으로 바꾸면 짜증이 나지 않습니다.

인기 코미디언 아카시야 산마는 예전부터 "아호 아냐?"라는 말을 들으면 곧바로 "아호가 아니고말고."라고 받아쳤다고 합니다. 그런 식으로 여러분도 지금까지와는 다른 새로운 반응을 생각해두면 좋습니다.

여러분이 무심코 짜증이 나거나 우울해지는 것은 '반사적 반응'입니다. 우선 이러한 포인트를 스스로 파악하도록 합시다.

여러분의 짜증·침울 포인트는 무엇입니까?

이어서 앞으로 그러한 말을 들었을 때 어떤 반응을 할 것인지 '지금' 정해둡시다. 이것이 '의도적 반응'입니다. 듣고 나서 반응하려고 하면, 어떻게 대응할지 생각하기 전에 여태껏 해왔던 대로 반응해버립니다.

앞으로 이런 말을 들으면 어떻게 대응할까요?

예를 들어 "아호 아냐?"라는 말을 들으면 "아니고말고."라고 반응하겠다고 생각해둡니다. 이로써 이제 짜증을 내거나 침울해지는 식으로 반응하는 일이 줄어들 것입니다.

이제부터는 짜증·침울 등 뭔가에 반사적으로 반응해서 화가 나거나 한탄하게 될 때 다음과 같은 식으로 써보십시오.

아이를 재우려고 재촉할 때의 예시입니다.

짜증·침울 포인트 : 아이가 약속한 취침 시간에 아직 게임을 하고 있다.

반사적 반응 : "10시에는 자기로 약속했잖아!"라고 화를 낸다.

의도적 반응 : "네가 약속한 시간이 자지 않으니까, 내가 먼저 네 침대에서 자버릴 거야."라고 말하며 아이 침대에서 잔다.

물론 아이가 침대를 점령당하고 싶지 않아서 급히 침대에 들어가게 될지는 알 수 없지만, 적어도 화를 내지 않고 넘어갈 수 있습니다.

그리고 이러한 의도적 반응에도 '원하는 결과'가 나오지 않았다면, 다시 새로운 의도적 반응을 만들면 됩니다.

# 바꾸지 않는다고
# 좌절하는 습관이 문제예요

항상 지각하는 부하 직원, 매일매일 뒤집어 벗은 채 내던지는 양말, 끝까지 미루는 숙제, 저녁 식사 준비 시간까지 집에서 밥을 먹을지 아닐지 알려주지 않는 남편 등등 '왜 제대로 하지 못하는 거야?'라고 소리 지르고 싶은 일이 일상 속에 넘쳐납니다.

짜증내지 않는 편이 좋고, 가능하다면 화를 내고 싶지 않다고 생각하지만, 오늘도 같은 일을 또다시 당하니까 열 받습니다. 그러다 보니

"정말 몇 번이나 같은 말을 하게 만드는 거야!!"

라고 무심코 고함을 질러버리지요. 분명 비슷한 경험을 한 적이 있을 겁니다. 하지만 같은 말을 여러 번 해도 상대방의 태도는 바뀌지 않습니다.

지각을 밥 먹듯이 하는 부하를 몇 번이나 혼을 내도, 지각하는 버릇은 고쳐지지 않습니다.

아무 데도 놀러가자는 말이 없는 남자 친구에게 아무리 불평을 해도, 새로운 데이트를 시도하는 일은 없습니다.

숙제를 하지 않는 아이를 수시로 혼내도, 아이가 스스로 나서서 숙제를 하지는 않습니다.

여러분이 동일한 행동을 하는 한, 결과는 바뀌지 않습니다.

다음 예시를 보면 이해하기 쉬울 것입니다.

자동판매기에서 커피를 사려는 사람이 있습니다. 자동판매기에 100엔을 넣고 오른쪽 끝 버튼을 눌렀지만 아무것도 나오지 않습니다.

'커피를 마시고 싶은데!'

다음 날도 다시 커피를 마시고 싶어서 100엔을 넣고 오른쪽 끝 버튼을 눌렀지만, 역시 아무것도 나오지 않습니다. '왜 나오지 않는 거지, 나에게는 커피를 마실 자격도 재능도 없는 걸까?'라며 고민합니다.

그에게 커피를 마실 자격이나 재능이 없는 것이 아닙니다. 커피가 나오지 않는 이유는 단순합니다. 왜냐하면 커피는 120엔이니까요. 아무리 100엔을 넣어도 나오지 않습니다.

그 사실을 알고서 다음 날, 커피를 마시려고 자동판매기에 120엔을 넣고 오른쪽 끝 버튼을 눌렀습니다. 덜컹 하고 캔이 떨어지는 소리가 들렸습니다.

"됐어!"

드디어 해냈다고 기뻐하며 캔을 꺼냈습니다. 그런데 커피가 아닌 콜라였습니다.

'커피를 마시고 싶었는데!'

다음 날도 120엔을 넣고 오른쪽 끝 버튼을 눌렀습니다. 다시 콜라가 나왔습니다.

그렇습니다. 오른쪽 끝 버튼을 누르는 한 콜라밖에 나오지 않습니다!

다음 날은 120엔을 넣고 한 칸 왼쪽의 버튼을 눌렀습니다. 코코아가 나왔습니다.

'커피를 마시고 싶어!'

다음 날은 120엔을 넣고 다시 한 칸 왼쪽의 버튼을 눌렀습니다. 홍차가 나왔습니다.

'커피를 마시고 싶다니까!'

다음 날은 한 칸 옆, 그 다음 날은 또 한 칸 옆…… 이런 식으로 모든 버튼을 눌렀지만 커피는 나오지 않았습니다.

그때 바로 옆에 자동판매기가 또 한 대 있다는 걸 알았습니다. 그 자동판매기에 120엔을 넣고 버튼을 누르니 드디어 커피가 나왔습니다!

이처럼 바라는 결과가 나오지 않았다면 어제와 다른 선택을 해야 합니다. 그러지 않으면 결과가 바뀌지 않습니다.

사람은 습관의 동물입니다. 같은 자극에는 같은 반응을 합니다.

여러분이 부하나 연인, 남편이나 아이를 혼낼 때는 '이러면 분명 알아주겠지. 그리고 행동을 개선해주겠지.'라고 기대합니다. 그러나 그들이 반드시 '혼난다.'는 자극에 대해 기대대로 반응해주리라고 장담할 수 없습니다.

물론 기대대로 반성하고 행동을 개선할 때도 있겠지만, 대부분 기대와 다른 반응을 합니다.

토라지거나 우울해하고 의욕을 잃기도 하며, 때로는 도리어 화를 내기도 합니다.

여러분은 기대를 배반당했기 때문에 화가 나서 다시 같은 식으로 반응을 합니다. 하지만 '화를 낸다.'는 자극에 해당 반응이 습관화된 사람은 아무리 '혼낸다.'는 자극을 주어도 다른 반응(결과)을 하지 않습니다.

즉 여러분이 자극을 '의식적으로' 바꾸지 않는 한, 아무리 시간이 흘러도 같은 반응에 짜증이 날 뿐입니다.

그렇다면 상대방의 반응(결과)이 바뀔 수 있도록 지금까지와 다른 자극을 주지 않겠습니까?

예를 들어 아무리 화를 내도 남자 친구가 새로운 데이트 계획을 제시하지 않는다면, 한번 울어보는 건 어떨까요?

"아아, 슬퍼. 언제나 방에서 데이트를 하다니. 기대에 차서 아무리 꾸미고 나와도, 밖에 나가지 않으니까 의미가 전혀 없잖아. 공들여서 화장하는 시간이 너무 아까워!"

울어도 안 된다면 웃어봅시다.

"아하하! 네가 아무데도 데려가 주지 않으니까, 재미있어 보이는 데이트를 하는 새로운 남자 친구를 만나는 데 아무런 죄책감도 들지 않아. 어디에도 나가지 않고 항상 방에서 게임만 할 셈이라면 너에게는 혼자인 편이 더 어울려. 아하하하."

웃어도 안 된다면 떼를 써 보는 건 어떨까요?

"정말 싫어. 네가 어디에도 데려가 주지 않으니까 친구들이 '여자 친구가 아니라 그냥 쉬운 여자라고 생각하는 거 아냐?'라고 바보 취급한단 말이야. 도와줘~ 부탁이야. 어딘가로 놀러 가자~."

이처럼 '밀어도 안 된다면 당겨본다, 화를 내서 안 된다면 울어본다, 울어도 안 된다면 웃어본다.'는 식으로 여러분이 기대하는 상태가 될 때까지 여러 가지 대응을 실험해봅시다. 다른 행동을 취해도 기대했던 결과가 나오지 않았다면, 다시 다른 행동에 돌입하면 됩니다.

우선은 기대했던 대로 움직여주지 않는 상대방에게 '짜증이 난다.'는 자신의 평소 습관을 의식적으로 바꿔보지 않겠습니까?

여러분이 평소 습관을 바꾸기만 한다면, 반드시 바라는 결과가 손에 들어올 것입니다.

# 해피엔드 커뮤니케이션을 배우세요

서류를 탕 하고 책상에 내려놓고, 자리에 앉자마자 짜증 가득한 태도로 팔꿈치를 휘둘러 서류를 옆으로 밀어버리는 동료를 상상해봅시다.

"무슨 일이야?"라고 물어보니 "과장이 하라는 대로 복사를 했는데 손이 느리다고 혼났어."라고 합니다.

여러분은 지시대로 했으니까 혼날 이유가 없다고 생각하겠지요. 하지만 그 둘이 제대로 소통되지 않았다면, 동료는 들은 대로 이행했는데도 혼이 날 수 있습니다.

상대방 입장에서 보면, 제대로 말했는데도 지시한 대로 하지 않으니 짜증이 납니다. 누구든지 한두 번은 양쪽 입장에 처해서 고민해본 적이 있지요?

"요즘 젊은이에게는 뭐라고 지시해도 제대로 해올지 알 수 없다."라든가 "과장이 아까 말한 대로 하고 있잖아. 그러면 처음부터 제대로 이야기하라고."라는 식으로 불평합니다. 그러면서 인간관계가 점차 나빠집니다.

이는 젊은이라서, 아저씨라서와 같은 세대 차이로 인한 문제가 아닙니다. 지시하는 측도 지시받는 측도 최종 형태를 명확하게 정리하지 않았기 때문에 발생한 '최종 결론'의 문제입니다.

최종 결론 문제는 커뮤니케이션을 약간만 의식하면 간단하게 개선할 수 있습니다.

이것이 '해피엔드 커뮤니케이션'입니다.

예를 들어 부하 직원에게 서류 복사를 시킬 때

"이 서류, 복사해주겠어?"

보통 이런 식으로 지시하겠지요.

이렇게 커뮤니케이션을 하면 무슨 일을 해야 할지 알 수 있습니다. 복사를 하면 되지요. 하지만 '복사하기'는 중간 과정으로, 최종 형태가 아닙니다. 결론적으로 복사물을 어떤 형태로 제공하면 좋을지 알 수 없습니다.

만일 서류를 복사해서 복사기 위에 내버려두면

"너는 바보냐? 서류를 복사기 위에 방치하면 어떡해!"
하고 혼나겠지요.

하지만 실제로 지시받은 내용은 '복사'이므로, 그 지시는 달성한 것입니다.

그러니 지시받은 측은
'들은 대로 했는데 혼났다.'
라고 느낍니다.

지시한 측은
'지시한 대로 일하지 못한다.'
라고 생각합니다.

어떤가요? 어느 쪽도 틀리지 않았습니다. 하지만 서로가 행동의 '최종 형태로 만족을 얻을 수 있도록' 의사소통을 하지 않았기 때문에 문제가 생겼습니다.

뭔가를 지시할 때에는 '상대방 행동의 최종 형태를 본인이 제일 만족스러운 결론으로 정리해서 전달한다.'는 것을 목표로 하면 커뮤니케이션이 멋지게 좋아집니다.

앞선 예시를 해피엔드 커뮤니케이션으로 바꾸어봅시다.
"이 서류를 되도록 빨리 복사해서 내 책상 위에 갖다 줘."
"네."

이제 상대방은 '되도록 빨리' 복사해서 최종적으로 '책상 위에 가져다둬야겠다.'고 생각하게 됩니다. 이로써 상대방은 지시받은 대로 행동할 것입니다.

그러나 이 대화로도 아직 불충분합니다. 지시받은 측의 대답이 해피엔드 커뮤니케이션화되지 않았기 때문입니다.

지시받은 측은 지금 하고 있는 일이 '정리되는 대로'나 '급히' 복사해서 책상 위에 가져다두지만, 혼납니다.

"언제까지 기다리게 하는 거야! '되도록 빨리'라고 했잖아!"

상대방이 생각하는 '되도록 빨리'와 자신이 생각하는 '되도록 빨리'의 의미가 달랐던 겁니다.

대답도 해피엔드 커뮤니케이션으로 바꿔야 할 필요가 있습니다.

"이 서류를 되도록 빨리 복사해서 내 책상 위에 갖다 줘."

"네, 그러면 지금 하고 있는 일이 끝나는 대로 바로 복사해서 가져다드리겠습니다."

"아니, 그러면 늦으니까 지금 하는 일을 미루고 이걸 먼저 복사하는 게 좋겠어."

이렇게 대화를 나눈다면 후에 말썽거리가 발생할 일이 없어지겠지요.

해피엔드 커뮤니케이션은 지시하는 사람이 '이 일이 어떤 형태로 수행되었을 때 제일 행복한가?'라는 점을 전달합니다. 그리고 지시받는 사람은 '어떤 형태로 수행할 예정인가?'를 대답합니다.

해피엔드 커뮤니케이션을 마음에 새겨서 서로 간에 생각의 차이나 착각을 없애면 인간관계의 힘든 점이 사라집니다.

## 세상을 향한
## 마음의 문을 엽시다

'한강에 돌 던지기'와 마찬가지 뜻인 속담 '포렴(술집이나 복덕방의 문에 간판처럼 늘인 베 조각)에 팔씨름하기'는 아무런 반응도 없는 상황을 비유할 때 주로 사용합니다.

있어도 그만, 없어도 그만인데, 어째서 '포렴'이 필요할까요?

인간관계가 힘들다, 인간관계가 제대로 형성되지 않는다고 생각하는 사람일수록, 바로 그렇게 생각하고 있기 때문에 다른 사람에게서 싫은 행동이나 불쾌한 일을 당하면 바로 마음의 문을 닫아버리기 쉽습니다.

상처받기 쉬운 사람은 마음의 문을 단단히 걸어 잠가서, 어느 누구도 터벅터벅 흙발로 들어오지 못하도록 철저하게 문단속을 합니다. 하지만 자신이 마음을 열면 상대방도 마음을 열어주기 마련입니다.

여러분이 마음을 철저하게 걸어 잠그고 '흠, 이제 안심할 수 있어.'라고 생각할 때는, 상대방도 마찬가지로 여러분에게 마음의 문을 닫아버립니다. 그래서야 인간관계가 제대로 이루어지겠습니까?

"그렇다 하더라도 싫은 사람은 싫은걸. 아무렇지도 않게 내 마음이 짓밟히는 건 사양이야."

"저런 말을 하는 사람에게 두 번 다시 상처받고 싶지 않아."

이 또한 맞는 말입니다. 싫은 사람과 무리해서 사귈 필요는 전혀 없습니다. 다만 마음을 닫은 결과 또다시 여러분이 기분 나쁜 경험을 하고 고민하게 된다면 정말 안타까운 일이지요.

그러니 마음을 걸어 잠그지 않고도 우리의 마음속에 타인이 터벅터벅 흙발인 채로 들어오지 않도록 마음먹는 법이 있다면, 해보고 싶지 않으십니까?

이것이 바로 '포럼 커뮤니케이션'입니다.

포럼은 안과 밖의 세계를 명확하게 구분하고 있지요. '여기서부터는 우리 영역이에요.'라고 선언하는 겁니다. 하지만 거부하지는 않습니다.

예컨대 '담'이나 '울타리', '벽'은 확연히 외부의 침입을 거부합니다. '문'이라면 출입 허가 여부를 언제나 확인하는 느낌이지요. '사립문'이라도 멋대로 열고 들어가도 좋을지 알 수 없습니다.

그런데 '포렴'은 '받아들일 태세를 갖추고 있어요.'라는 의미가 있습니다.

포렴의 마음가짐은

'누가 들어오든 괜찮아요.'

'저는 누구에 대해서든 어떤 저항도 하지 않아요.'

라는 느낌으로 펄럭펄럭 바람에 휘날리는 것입니다.

그리고 포렴은 안과 밖을 구분하는 데도 유효합니다. 포렴이 걸려 있으면 안에 들어와도 좋지만, 포렴이 걸려 있지 않다면 들어가서는 안 됩니다. 뭔가 뒤바뀐 것 같지만, 포렴을 걸면서 '만전의 태세로 받아들일 준비를 했습니다.'라고 선언하는 것입니다.

포렴의 대단한 점은 이뿐만이 아닙니다.

"자유롭게 들어와도 좋지만, 여기서부터 안쪽은 우리 세계이므로 최소한의 관습이나 예의는 지켜주세요."라고 방문객에게 거리를 느낄 수 있도록 합니다.

이것이 '포렴'입니다. 걸어 잠그는 것도, 거절하는 것도 아니지만 '여기서부터 안쪽은 우리 영역'이라고 확실히 선언합니다.

여러분은 영화 「센과 치히로의 행방불명」에서 주인공인 센이 카오나시라는 요괴를 방에 불러들이는 장면을 기억하십니까?

센은 밖에서 배회하는 카오나시에게

"거기는 춥지 않습니까? 여기, 열어둘게요."

라고 말하며 미닫이문을 살짝 열어둡니다.

"들어오세요."라고 부탁하지도, "들어와요."라고 명령하지도 않고, 심지어 "저리 가!"나 "훠이, 훠이!"도 아닙니다.

"여기, 열어둘게요."

들어오고 싶으면 들어오고, 들어오기 싫으면 앉아 있고, 돌아가고 싶으면 돌아가면 됩니다. "여기, 열어둘게요."도 '포렴'과 마찬가지입니다.

여러분도 눈을 뜨고 아침 준비를 끝낸 다음 마음에 '포렴'을 걸어보지 않겠습니까?

"자, 저는 단단히 준비하고 받아들일 태세를 갖췄어요."라고 선언하는 것입니다.

- 먼저 '안녕하세요?'라고 인사한다. → 인사는 포렴입니다.

- 남보다 밝고 큰 목소리로 말한다. → 목소리의 톤도 포렴입니다.

- 등을 쭉 편다. → 행동이나 자세도 포렴입니다.

- 계속 미소를 짓는다. → 미소도 포렴입니다.
- 부드럽게 상대방의 눈을 본다. → 눈 맞춤도 포렴입니다.

이처럼 '여기, 열어둘게요.' 커뮤니케이션을 명심합시다.

"언제든지 연락주세요."

"다시 만나자."

"가벼운 마음으로 상담해도 좋아."

대화 속에 이런 문구를 덧붙이기만 해도 상대방은 아주 마음 편하게 여러분과 커뮤니케이션을 하게 됩니다.

'연락을 하더라도 반드시 연결될 거라고 장담할 수 없다.'

'만나자고 하더라도 언제나 만날 수 있다고 장담할 수 없다.'

'상담을 하더라도 해결할 수 있을지 알 수 없다.'

이러한 점은 본인 세계 속의 문제입니다. 포렴 안쪽에서 너무 무리하거나 신경을 쓰고 사양하지 않아도 됩니다.

지금 여러분의 마음에는 '포렴'이 걸려 있나요?

# "도와줘."라고 말해야
# 인생이 즐거워져요

진지하게 열심히 노력해도 쉽사리 결론이 나지 않는 클라이언트들과 계속 대화하다 보니, 그들의 공통점을 알게 되었습니다.

그들은 '자기가 할 수 있는 일은 스스로 해야 한다.'고 굳게 믿고 있었습니다.

사실은 도와주면 좋겠다고 생각하며 누군가 조금 도와주지 않을까 하면서 기다리고 있었지만 굳이 말하지 않았습니다. 왜냐하면 자기 일은 스스로 해야 한다고 굳게 믿고 있으니까요.

이럴 경우 사람들은 '나는 이렇게 힘든데 왜 아무도 도와주지 않지!'라며 멋대로 짜증을 냅니다.

'어차피 나를 도와주려고 마음먹는 사람 따위는 없어.' 하면서 계속 울먹거리면서 말입니다.

이렇게 혼자서 열심히 노력하다가, 더는 이러지도 저러지도 못하고 안 될 것 같다는 시점까지 와서야 겨우 이렇게 말합니다.

"도와줘."

거기까지 갔을 때는 이미 문제가 너무 커져버려서 도움을 요청받은 상대방도 곤란해집니다.

참으면서 열심히 하기 전에 가볍게 "도와줘."라고 말하면, 상대방도 그 정도라면 가뿐하게 도와줄 수 있습니다.

친구를 도와줄 수 없는 것보다 손을 내밀어줄 수 있는 편이 기쁘기 마련이지요. 사람은 누군가에게 도움이 되면 매우 기뻐하는 존재입니다. 그러니 가볍게 "도와줘."라고 말할 수 있는 사람이 호감을 얻습니다.

성공한 사람, 일이 잘 풀리는 사람의 공통점은 '가볍게 도와달라고 말하기'를 아주 잘합니다.

그들은 스스로 할 수 있는 일이라도 귀찮은 작업이라면 가볍게,

"이거 좀 부탁할 수 있을까요?"

하고 다른 사람에게 맡겨버립니다.

하지만 우리들은 어릴 적부터 '다른 사람에게 폐를 끼치면 안 돼.', '타인이 싫어하는 일은 먼저 나서서 합시다.', '자기 일은 스스로 하자.'라는 말을 들으며 자라왔기 때문에, 본인이 '하고 싶지 않

야.'라고 생각하는 일은 남에게 흔쾌히 부탁하지 못합니다. '이런 일을 부탁하면 분명히 싫어할 거야.'라고 멋대로 상상해버립니다.

하지만 정말 그럴까요?

정말로 사람들이 부탁받는 일을 싫어할까요?

정당한 보수를 지불한다고 약속하면 기뻐할 것입니다. 보수가 없더라도 지금까지 자기에게 신세를 져 왔던 사람이라면, 도움을 줄 수 있어서 기쁘다고 생각할지 모릅니다.

저는 세미나 강사를 목표로 삼았을 때, 한 선생님을 보좌하며 따라다니는 역할을 1년 반 동안 한 적이 있습니다. 급료는 받지 않았습니다. 선생님의 강연을 항상 가까이에서 볼 수 있고, 세미나는 어떻게 운영하면 좋은지 알 수 있다면 충분하다고 생각했으니까요. 이 경우 보수는 '학습' 혹은 '성장'이지요.

그 후 세미나 강사 활동을 시작하고 나서도, 동시에 여러 세미나에서 스태프로 근무했습니다. 당시의 저에게는 과분한 보수를 주는 세미나가 있는가 하면, 돈은 전혀 받지 못하는 세미나도 있었습니다.

돈을 받지 못한 세미나에도 계속 참가한 이유는 세미나 덕분에 인생이 조금씩 나아지는 참가자가 매번 있었기 때문입니다.

저기요,
저 좀 도와주지 않으실래요?
?

“감사합니다, 산 씨(저는 평소에 이렇게 불립니다). 덕분에 매우 마음이 편해졌습니다.”

“산 씨의 그 한마디를 들은 덕분에 큰 도움이 되었습니다.”

”산 씨가 있으면 세미나 운영이 순조로워요.”

이런 말이 제 보수였습니다. 이 경우 보수는 ‘공헌’이지요.

동물이나 벌레는 태어나자마자 바로 혼자서 살아가야 하지만, 인간은 그렇지 않습니다. 태어났을 때부터 혼자서는 살아가지 못하도록 삶이 짜여 있습니다.

사람은 서로 도와가며 살아갑니다. 혼자서 살고 있다고 생각한다면 여러분은 ‘동물’이거나 ‘벌레’입니다. 그러니 지금부터는 가볍게 “도와줘.”라고 말해보십시오. 여러분의 주변 사람들은 분명 여러분을 도와주고 싶어 합니다. 문제가 커지기 전에 “도와줘.”라고 말하면, 많은 이가 ‘나라도 힘이 되는구나.’ 하며 기쁘게 조력할 것입니다.

그러면 여러분은 ‘내 주변에는 이렇게 많은 동료가 있고, 나를 도와주려 한다.’는 점을 알고서 따뜻한 기분이 될 수 있습니다.

# 무조건 상대에게 맞추려 하지 마세요

직장 관련 고민을 깊이 파고들어 보면, 사실 인간관계에 관한 짜증인 경우가 대부분입니다. 특히 남성보다 여성과 상담할 때 인간관계 관련 주제를 얘기하는 일이 많습니다.

인간관계에 관한 짜증이란 대체 무엇일까요?

얼마 전에 다음과 같은 상담을 한 적이 있습니다.

"제가 아르바이트 하는 곳의 점장이 말이죠, 정말 너무해요. 친구랑 놀러 가려고 일찍 사유서를 제출했던 휴일에 근무 일정을 넣어서 쉬지 못하게 만들어버려요. 항상 쉬지를 못하니까 친구와의 약속을 갑자기 취소하게 되어서, 이제 신용을 거의 잃을 지경이에요. 그래서 이번에는 친구가 칼을 갈고 있었죠. 반드시 오라고요. 그런데도 점장이 말이죠, 역시 직전이 되니까 아르바이트 일정을 넣어버리는 거예요. 너무하죠?"

"그건 정말 너무하네요. 어째서 점장은 당신에게 휴가를 주지 않는 걸까요?"

"그게 말이죠, 그날이 마침 가게에서 포인트 3배를 주는 날 이벤트를 했어요."

"흠, 그래서요?"

"포인트 3배 데이에는 손님이 많이 오니까 제가 없으면 가게가 돌아가지 않는다고 해요. 하지만 같은 시기에 아르바이트를 시작한 B 씨는 휴가를 받았거든요. 역시 이상해요."

"어째서 B 씨는 휴가를 받을 수 있었나요?"

"B 씨는 일이 서툴러서 바쁜 날에 근무하면 오히려 업무에 지장이 있다는 것 같아요. 그럴 바엔 제가 일을 더 잘하니까 부르는 건데 그러면 시급을 올려줘야죠. 그렇지 않아요?"

"그렇게 해달라고 하면 되잖아요?"

"그게, 그렇게 할 수 없다나봐요. 회사 규정에 입사 몇 개월이 되면 이런 테스트를 진행하고, 거기 합격하면 몇 십 엔을 올려주라고 정해져 있대요. 그래서 같은 시기에 들어온 저와 B 씨가 거의 같은 시급을 받는다고 해요. 진짜 이해할 수 없어요!"

이는 휴가를 받을 수 있는지 여부에 관한 문제가 아닙니다. 그러면 어떤 문제인가? 바로 '가치관의 문제'입니다.

쌍방의 가치관이 동일하다면 인간관계로 고민할 일이 없습니다.

점장이 아르바이트 여성과 같은 가치관을 가지고 있다면

"점장님, 친구들과 바비큐를 해야 하니까 휴가를 주세요."

"오오! 너희들 나이에는 친구 관계가 중요하지. 신경 쓰지 말고 놀다 와."

자, 해결되었습니다.

혹은 아르바이트 여성이 점장과 같은 가치관을 공유한다면

"점장님, 친구들과 바비큐를 해야 하니까 휴가를 주세요."

"너, 그날은 포인트 3배 데이야."

"아! 그랬군요. 제가 없으면 가게가 돌아가지 않지요. 놀기보다 일이 중요하니까 바비큐는 거절하겠습니다."

역시 해결되었습니다.

그러나 둘의 가치관이 맞지 않기 때문에 문제가 발생합니다.

그리고 가치관이 다른데도

- 자신이 무리해서 맞춰주려고 하니까 무리하는 과정이 짜증의 씨앗이 되거나

- 상대방을 무리해서 여기에 맞추려고 하는데 맞춰주지 않아

서 짜증이 납니다.

개인주의인 미국이라면 분명 이런 문제는 발생하지 않겠지요. 회사 사정 때문에 개인 휴가를 좌지우지하는 것은 있을 수 없는 일이라는 가치관을 상사와 부하가 공유하니까요.

일본인은 에도 시대까지 군주에게 따르는 것이 당연했습니다. 그러다 서양 문물이 들어와 개화하면서 우리는 의식 속에 절대 군주주의와 개인주의를 모두 갖추게 되었습니다.

그래서 아르바이트 여성의 놀러 가고 싶다는 마음도 이해할 수 있고, 점장의 바쁜 날에 쉬면 곤란한 마음도 알 수 있습니다. 이 때문에 어느 쪽이든 한 사람이 마지못해 상대방에게 맞춰줍니다. 그리고 괴로워합니다.

상대방에게 맞추려고 하거나, 나에게 상대방을 맞추려고 해서는 안 됩니다. 신념을 가지고 자신의 가치관을 결정합시다. 그리고 언제나 그 가치관에 따라 행동합시다.

예를 들어 '내가 제일 중요하게 여기는 것은 친구다.'라고 결정했다면 반드시 친구를 우선하면 됩니다.

소중하게 여기는 가치관은 '건강'이나 '돈', '가족', '도전' 등 본인이 좋아하는 것이면 충분합니다. 다만 어느 것이든 하나로 결정했다면 언제나 그대로 행동할 것. 이 점이 제일 중요합니다.

언제나 자신의 가치관에 따라 행동하면, 여러분의 가치관과 행동은 점차 주변의 인정을 받습니다. 그러면 이제 주변 사람은 여러분에게 무리하게 다른 가치관을 주입하려 들지 않습니다.

처음에 약간 노력하면 나중에는 편해지므로 부디 실천해보기 바랍니다.

무리하게 맞추지 않을 겁니다.

# 상대는 내 자존심을
# 건드릴 생각이 없어요

여러분의 자식이 집단 괴롭힘을 당하고 있다고 합시다. 자식이 없는 사람이라도 상상해보십시오. 분명 여러분은 괴롭히는 아이나 학교에게 화를 내겠지요.

상상을 부풀려봅시다.

지금 이 순간, 괴롭힘을 당하는 아이는 세상 어딘가에 분명히 존재합니다. 하지만 우리는 그를 괴롭히는 아이나 학교에는 화를 내지 않습니다.

자, 두 경우는 무엇이 다른 걸까요?

'본인의 자식인가, 그렇지 않은가?'

맞습니다. 그렇다면 어째서 자기 자식이 괴롭힘을 당하고 있으면 화가 나는 걸까요?

그건 '소중하기' 때문입니다.

사람은 '소중한' 것에 위해가 간다고 느꼈을 때 공격 태세에 들어갑니다. 이것이 '분노'입니다.

무엇이 소중한지는 사람에 따라 다릅니다. 지구가 소중하다고 생각하는 사람은 환경 문제를 무시하는 사람에게 화를 냅니다. 동물이 소중하다고 생각하는 사람은 동물을 학대하는 행위에 화를 냅니다.

하지만 여러분이 짜증을 내고 있을 때는, '나에게 소중한 것'에 위해가 간다는 '느낌이 드는 것'일 뿐입니다.

정말로 그러한지 진실은 알 수 없습니다. 아무도 여러분의 소중한 무언가에 해를 입힐 생각이 없을지도 모릅니다.

여자 친구가 데이트 약속 시간에 늦었다. 나는 정시보다 10분 전에 이미 도착해 있었다. 그때 이렇게 생각하곤 합니다.

'나는 오늘 데이트를 기대하면서 10분이나 빨리 왔는데, 그녀는 아무렇지도 않게 지각했다. 어쩌면 나를 그렇게 좋아하지 않는 걸지도 몰라. 아아, 나의 소중한 진심이 짓밟혔다!'

혹은

'아아! 이렇게 기다리게 하다니, 남자로서의 자존심에 상처가 난

위기 상황이다!'

그리고 연약한 마음이나 하찮은 자존심을 지키기 위해 화를 냅니다.

"약속 시간을 지키지 않다니, 사람이 어떻게 그럴 수가 있어!"

이처럼 자기 멋대로 정리해버린 생각 때문에 분노가 부풀어 오르는데, 이를 진압하는 방법은 매우 간단합니다. 여러분이 지키려 하는 소중한(그렇게 굳게 믿고 있는) 것에 상처를 입힐 마음이 상대방에게 없었다는 점을 알면 됩니다.

그러려면 상대방을 비난하지 말고, 자신이 무엇을 지키려고 하는지를 밝혀내서 '이걸 지키려고 한다.'는 점을 상대방에게 전하면 됩니다.

"나는 오늘 데이트를 매우 기대하고 있었어. 그런데 늦게 오다니, 너는 그다지 나와의 데이트를 기대하지 않았다는 생각이 들어서 기다리는 동안 아주 슬퍼졌고 조금씩 짜증이 났어."

이런 식의 말을 듣고 적반하장으로 화를 내는 사람은 없을 것입니다.

그러면 분명 이런 식의 대답이 돌아오겠지요.

"미안, 기다렸지? 나도 정말 기대하면서 열심히 화장을 하느라 그만 늦어버렸어. 미안해."

이렇게 상황을 순조롭게 해결할 수 있습니다.

짜증이 밀려오는 이유는 여러분이 소중하게 여기는 무언가가 공격을 받아서 이를 지키려 했기 때문입니다.

대체 여러분이 지키려고 한 것은 무엇인가요?

그 정체를 밝혀주십시오.

정체를 알게 되면, 본인이 무엇을 지키려고 했는지 상대방에게 설명하도록 합시다. 그러면 상대방은 "네 소중한 것을 공격할 마음은 없었다."고 대답할 것입니다.

그러면 필사적으로 화를 내며 지키려 들지 않아도, 사실 아무도 공격하고 있지 않았다는 점을 깨닫게 될 것입니다.

여자 친구는 남자 친구의 자존심에 상처를 주기 위해 지각한 것이 아닙니다. 부하 직원은 상사의 지도력을 의심하도록 만들기 위해 실수한 것이 아닙니다. 아이는 부모를 부정하기 위해 반항하는 것이 아닙니다.

잘 생각해보니 역시 그렇지요?

짜증이 날 때, 자신이 무엇을 지키려고 하는지를 생각하면 짜증이 사라집니다.

왜냐하면 아무도 누군가를 공격하겠다는 악의로 일상을 보내지 않기 때문입니다.

상대방이 악의 없이 일을 저지르고 있을 뿐이라는 점을 깨달으면 여러분은 무언가를 지킬 필요가 애초에 없었다는 것을 알게 될 것입니다.

즉 화를 낼 필요가 없다고 깨닫게 됩니다.

# "밥 먹을래?"부터 시작하세요

"우리 부서에 커뮤니케이션에 서툰 녀석이 있는데, 소통을 잘할 수 있도록 가르쳐주시지 않겠습니까?"

얼마 전에 이런 의뢰를 받았습니다. 하지만 이는 '커뮤니케이션에 서툰 사람'의 문제가 아니라 의뢰자 의식의 문제입니다.

예를 들자면 이런 식입니다.

형사 드라마의 취조 장면에서 젊은 형사가 범인을 자백하게 만들려고 밀어붙이며 열심히 격렬하게 조사하고 있습니다.

용의자는 완강하게 침묵을 고수합니다. 그러자 나이 든 형사가 어이쿠 하면서 찾아와 "어디, 교대해볼까?"라고 말하며 젊은 형사와 자리를 바꿉니다.

"그러게, 자네 같은 환경에서 자랐다면 누구든지 그랬을 거야.

뭐, 그렇게 풀 죽어 있지 말고, 인생은 지금부터니까. 어때, 뭐 좀 시켜 먹을까?"

나이 든 형사에게 이런 말을 듣고, 처음으로 타인의 상냥함을 경험한 용의자는

"아저씨, 저, 저기…… 아, 제가 무슨 짓을 해버린 건지."

라고 눈물을 흘리며 자백을 시작합니다. 옛날 형사 드라마에는 정말 많이 등장한 장면입니다.

젊은 형사와 나이 든 형사의 차이는 무엇이라고 생각합니까?

젊은 형사는 용의자를 범인(나쁜 사람)이라고 단정 짓고 죄를 추궁했습니다. 반면에 나이 든 형사는 용의자를 범인이라고 생각하는 시점까지는 동일합니다. 하지만 너는 원래 그렇게 나쁜 녀석이 아니다. 보고 있으면 알 수 있다며 용의자의 인격을 인정하고 있습니다.

사람에게는 '피그말리온 효과'라고 하여, 상대방이 기대한 대로 행동하려 하는 성질이 있습니다.

예를 들어 여러분이 부하 직원이나 배우자, 아이들에게 '너는 할 수 있다.'나 '너는 멋진 사람이다.'라고 긍정적인 기대를 하고 접하면 상대방은 여러분의 기대에 응하여 그에 맞는 행동을 취해줍니다.

이렇게 말하면 "아니오. '너는 하면 할 수 있어.'라고 말해주기를 기대했는데 그대로 해주지 않았어요."라고 지적하는 사람이 있습니다. 하지만 이 또한 사실 기대한 대로의 행동입니다. "너는 하면 할 수 있다."라는 말 속에 '하지만 어지간해서는 하려고 들지 않지?'라는 뉘앙스가 숨어 있기 때문입니다. 이것도 일종의 '기대'가 되어 상대방에게 전해집니다.

'기대'라고 하면 긍정적인 느낌이 들지만, 부정적인 기대도 '기대'의 하나입니다.

예를 들어 여러분이 누군가에 대해서 '저 사람은 불량하고 틀려먹은 놈이다.'라고 여기고 있다고 합시다. 혹은 상대방이 그런 식의 취급을 받고 있다고 느꼈습니다. 그러면 상대방은 틀려먹은 놈이라는 '기대'를 받는다고 인식해버립니다. 그리고 모르는 사이에 '불량하고 틀려먹은 사람'의 행동을 취해버립니다.

젊은 형사는 용의자를 나쁜 사람 취급했기 때문에, 용의자는 '나쁜 사람'으로서 침묵을 유지하고 있었습니다. 그런데 나이 든 형사는 용의자를 '나쁜 사람' 취급하지 않고, 나쁜 짓은 했지만 '좋은 사람'이라고 인식했습니다. 그러니 좋은 사람인 용의자가 자백을 시작한 것입니다.

여기서 또 한 가지 깨달아야 할 점은, 나이 든 형사는 용의자가 했을 '나쁜 행동'에 대해서는 이해하려고 노력했다는 부분입니다.

우리는 보통 싫은 일을 당하면 그런 행위를 한 상대방을 싫어합니다. 실수를 많이 하는 부하 직원, 말을 듣지 않는 아이, 일 처리가 굼뜬 후배 등 다들 그 '사람'이 싫다고 생각하기 쉽습니다.

그러면서 상대방을 '싫은 사람'으로 취급해버립니다. 그렇게 싫은 녀석과 밥을 먹을 일은 없다고 생각하지요.

그러지 말고 '나쁜 일'은 제대로 처벌하되, 어째서 그런 짓을 했는지 그 배경을 이해하려고 노력해봅시다. 혼자서 싸우면서 배고프지 않았어? 밥이라도 먹지 않을래? 하고 상대방에게 다가가는 것입니다.

제 스승은 어린 시절, 시험에서 낮은 점수를 받았을 때 어머니가 이렇게 혼냈다고 합니다.

"정말 이해할 수 없어. 너처럼 우수한 아이가 이렇게 낮은 점수를 받아오다니. 이유가 뭔지 전혀 이해할 수 없어."

낮은 점수를 받아오니까 머리가 나쁜 아이라고 단정 지으면, 그 아이는 '나는 머리가 나쁘다.'는 기대를 받는다고 생각해서 거기에 응해버립니다.

'우수한 사람이다.'라는 기대를 받는다고 생각한 제 스승은 물론 그 후에 멋진 성적을 받았다고 합니다.

즉 밥을 함께 먹자고 하는 것은 상대방을 '용의자=범인=나쁜 사람'으로만 취급하지 않고 진심으로 '멋진 사람'으로 대한다는 뜻입니다.

상대방을 어엿한 '멋진 사람'으로 대하다 보면, 얼마 지나지 않아 피그말리온 효과로 상대방이 '멋진 행동'을 하게 됩니다.

그러면 또 하나의 '힘든 인간관계'가 해결됩니다.

# Give and Take는 주면 좋은 일이 있다는 뜻이에요

다음에 나오는 말대로 행동하면 여러분은 바라던 인생을 손에 넣을 수 있습니다.

매우 간단한 말입니다.

이대로 행동해보지 않겠습니까?

무슨 말인지 알고 싶습니까?

사실 이미 알고 있는 말입니다. 알고 있지만, 잘못된 해석을 하고 있는 말입니다. 그래서 바라는 인생을 손에 넣지 못하는 것입니다.

그 말이란,

'Give and Take'입니다.

"뭐야, 겨우 이거야?"라고 말하지 마세요.

여러분은 영어를 잘하나요? 혹시 Give and Take를 잘못 해석하고 있지 않습니까? 시험 삼아 다음 영어 단어를 해석해봅시다.

You and Me

그렇습니다. 이건 간단하지요. '당신과 나' 입니다.

이와 같은 원리로 Give and Take를 해석하면 안타까운 결과가 기다리고 있습니다. 절대로 성공은 손에 들어오지 않습니다.

성공하지 못하고, 바라는 결과를 손에 넣지 못한 사람은 이 문장을 오역했기 때문이라고 말해도 과언이 아니라고 생각합니다.

영어에는 구문이 있습니다. 동사의 명령형 + and 구문은 '이렇게 하십시오. 그러면 이러한 좋은 일이 있습니다.'라는 표현입니다. 그러니 Give and Take의 올바른 해석은 '주세요, 그러면 받게 됩니다.' 입니다.

하지만 다들 보통 '당신과 나' 문장과 같은 해석 방식을 적용하여 '주기와 받기'라고 해석합니다.

그 결과 '당신이 무언가를 나에게 준다면 나도 당신에게 뭔가를 줄게요.'라는 자세로 인생을 삽니다.

하지만 그런 뜻이 아닙니다. 우선 주어야 합니다. 무언가를 받을 수 있는가는 별개의 문제입니다. 우선 줬다면 언젠가 받을 일도 있습니다.

"그런 건 싫어!"

"손해잖아!"

그런 말을 하기 때문에 원하는 결과를 손에 넣을 수 없는 것입니다.

"주고 또 주고, 다른 사람에게 아무리 친절하게 대해도 돌아오는 건 하나도 없어요. 오히려 없던 짜증도 생긴다고요. 그럴 바엔 아예 주기를 그만두는 편이 나아요."

이러한 반응은 바로 'Give and Take'를 오역하여 '주기와 받기'라고 생각하기 때문에 나타난 폐해입니다.

다음에 나오는 형제의 대화를 읽어봅시다.

초등학생 형제인 제 아이들에게 과자를 줬을 때였습니다.

동생은 과자를 아주 좋아해서 받자마자 곧바로 마구마구 먹어버렸습니다. 그리고 형의 손에 아직 남아 있는 과자를 보고 이렇게 말했습니다.

"형 것도 나 줘."

물론 형은

"이건 내 몫이니까 안 돼. 네 몫의 과자는 지금 먹었잖아."

라고 말해도 아무 문제가 없었지만, 조금 생각해보더니

"그러게, 너, 그 과자 좋아하지? 형 몫도 줄게."

라고 말했습니다.

만일 형이 'Give and Take'를 오역한 채로 알고 있었다면 "내 과자를 주는 대신 다른 걸 내놔."라고 말했을 것입니다. 하지만 동생이 가진 물건은 거의 형에게 물려받은 것이기 때문에 그다지 형에게 매력적이지도 않습니다.

'Take할 것이 없다면 이것을 줄 수 없어.'는 'Give and Take'의 잘못된 해석입니다.

그런데 형은 이때 아무 보답을 바라지 않은 채 그저 과자를 내밀었습니다. 그 모습을 본 저는 매우 감동했습니다. 팔불출 부모니까요.

그리고 형에게 말했습니다.

"너 참 기특하구나. 그럼 아빠가 무엇이든지 네가 좋아하는 것을 사 줄게."

바라는 인생을 손에 넣는 비결은 바로 이것입니다.

상대방에게 받는 것이 아니라 하늘에게서 받는다. 준 다음에 돌아오는 뭔가는 제3의 방향에서 들어옵니다.

여러분이 무상으로 뭔가를 주는 모습은 반드시 하늘이 보고 있습니다. 걱정하지 말고 주다 보면 '언젠가 생각지도 못한 방향에서' 받습니다.

준 것은 반드시 돌아온다.

다만,

생각지도 못하게

생각지도 못한 방향에서

생각지도 못한 방법으로.

앞으로 내가 무언가를 준 상대방에게 매달리지 않도록 합시다.

# 마음은 계속 써도 줄지 않아요

A. '이번 주에 구입하시는 분께는 ○○○를 선물합니다.'

B. '구입하시는 분께 드리는 선물 ○○○는 이번 주에 종료합니다.'

여러분이라면 어느 쪽 말을 들었을 때 '빨리 사야겠다.'고 생각하나요?

많은 사람이 B라고 대답할 것입니다. A는 '선물을 받을 수 있어요.'라고 말하고 있습니다. B는 '선물을 받을 기회를 잃고 말 거예요.'라고 말하고 있습니다.

양쪽 다 조건은 마찬가지입니다. 그러나 우리는 잃고 말 거라는 기분이 싫은 것입니다. 사실 어느 쪽이든 마찬가지인데 말입니다.

이외에도 이런 심리를 좇는 방법으로 '기간 한정' 또는 '타임 세일', '현지' 작전이 있습니다. 이 기간을 놓치면 이 가격으로 구입할 수 없다. 여행이 끝나면 이제 현지에서만 판매하는 포장 과자는 손에 넣을 수 없다. 그러면 싫다는 공포감 때문에 '구매'라는 '반응'을 보이는 것입니다.

이 경우의 '반응'은 '구매'이지만, 잃어버린다는 공포심에서 '반응'하는 행동은 '구매'에 한하지 않습니다. '분노'일 때도 많습니다.

바다에서 스쿠버다이빙을 할 때 만일 타인이 여러분의 산소통 속에 있는 산소를 마시기 시작한다면, 어떻게 행동하시겠습니까?

옆 사람이 내 산소통 호스를 이용해서 순수한 얼굴로 호흡을 하고 있다. 그렇다면 "잠깐! 뭘 하는 겁니까!" 하고 화를 내며 필사적으로 빼앗기지 않으려 할 것입니다. 그도 그럴 것이, 산소통 속 산소가 없어지면 내가 죽어버리니까요.

그렇다면 공원에서 산책을 하고 있을 때 주변 사람이 심호흡을 하고 있다면 "잠깐! 뭘 하는 겁니까!" 하고 화를 낼까요?

화를 내지 않을 겁니다. 그저 '흠, 심호흡을 하고 있군.' 하고 쳐다본 다음, 지나칠 뿐일 것입니다. 그야 옆에서 아무리 많은 산소를 들이마시더라도 주변에 산소가 잔뜩 있으니 바닥날 일이 없으니까요.

네, 마찬가지로 산소를 빼앗겨도 산소통처럼 없어질 염려가 있다면 화로 '반응'할 것입니다. 없어지지 않는다는 사실을 알고 있으면 아무 '반응'도 보이지 않습니다.

이런 예도 있습니다.

아주 좋아하는 푸딩을 먹고 있을 때, 마지막 한 입만 남았는데 "조금만 줘."라는 말을 들으면 순간 주기가 망설여지겠지요.

줄까, 주지 말까, 물론 여러분 하기 나름이지만 먹기 시작할 때 주는 것보다는 싫다는 기분이 들 것입니다. 주는 푸딩 양은 똑같지만, 이제 이걸 주면 전부 없어져버린다고 생각하면 당연히 주고 싶지 않습니다.

만약 아직 냉장고 안에 푸딩이 100개나 남아 있다면 어떨까요?

분명 '조금만이라고 말하지 말고, 냉장고에 잔뜩 있으니까 먹고 싶은 만큼 먹어도 좋아.'라고 말하겠지요.

조금쯤이라면 나누어주어도 줄어들지 않을 만큼 양이 충분하다면 쉽게 나누어줄 수 있습니다.

그런데 잘 생각해보면 신기한 일이지 않습니까?

아직 많이 남아 있을 때는 많이 줘도 괜찮습니다.

하지만 이제 없어져버릴 마지막 한 입은, 아주 조금만 나누어주면 된다 하더라도 주기 싫습니다.

즉 주는 것 자체가 아니라 없어지는 것이 싫은 것이지요. 이런 싫다는 기분이 짜증의 씨앗이 됩니다.

기껏 '배려해줬는데' 감사 인사를 하지 않는다. 일부러 '배려해서' 이것저것 나누어주었는데 인정해주지 않는다. 이러한 경험이 반복되면 나만 '마음을 쓰고 있거나' '배려했기' 때문에 내 마음이 없어져버린 듯한 착각이 드는 것입니다.

'나한테도 좀 더 마음을 써주면 좋겠다.'

'감사해줬으면 한다.'

'다정하게 대해주면 좋겠다.'

'위로해주었으면 한다.'

그런데 아무도 나에게 마음을 쓰지 않는다.

'아아, 나만 마음을 쓰고 있었어.'

그렇게 생각해서 짜증이 밀려오는 것입니다.

이렇게 하면 상대방에게 사소한 한마디를 걸어주기만 해도 기뻐할 만한 상황이 되어도, 더는 내 마음을 소비하고 싶지 않아서 말을 걸지 않습니다.

그러면 상대방도 '아무도 나에게 마음을 쓰지 않아.'라고 생각해서 짜증의 씨앗을 늘립니다.

내 안에 있어서, 없어지면 곤란한 것. 그것이 '마음'입니다.

'마음'을 쓰는 법에는 여러 가지가 있습니다. '원기', '의욕', '끈기', '지기 싫은 마음', '용기'…… 지금까지 불태우던 정열이 식으면 마음이 식었다고 표현하듯이 '정열' 또한 '마음'입니다.

'마음'이 없어지면 곤란합니다. 하지만 '마음'은 눈에 보이지 않으니 후에 얼마나 남아 있는지 알 수 없습니다. 그래서 무서운 것이지요.

거의 없어지지 않았는데도 바라던 무언가가 손에 들어오지 않거나, 기대하던 일이 일어나지 않으면 누군가를 탓하며 마음이 줄어버린 듯한 기분이 듭니다.

이 상태가 짜증이라는 '기분'입니다.

'기분(氣分)'은 '기를 가진 만큼'이므로, 잔뜩 있다고 생각하면 많이 남아 있는데, 이제 없다고 생각하면 없는 것입니다.

마음은 써도, 써도 없어지지 않는다는 점을 알면 남에게 줄 수 있습니다.

서로가 배려를 하는 인간관계에서는 짜증이 없습니다.

'아아, 오늘은 마음을 많이 써서 지쳤어.'

라는 날이 있더라도, 귀가해서 잠깐 휴식을 취하고 나면 다시 원래대로 돌아옵니다.

그리고 마음은 잔뜩 끌어안고 있다 해도 복리가 붙어서 늘어나지 않습니다. 그러니 있는 대로 계속 써버려도 괜찮습니다.

# 사소한 목적에 매달리면 화낼 일이 생겨요

동네 공원에서 자주 캐치볼을 하는 어머니와 아들이 있습니다. 남자아이는 초등학교에 막 들어갔을 정도의 나이입니다.

공원에 온 다른 어머니들은 아이들을 방치하고 자기들끼리 모여 대화를 나누는 경우가 많습니다. 하지만 그 어머니는 아이와 제대로 캐치볼을 하고 있으니 항상 대단하다고 생각합니다.

하지만 그 둘이 오면 우리 가족은 "오늘은 이제 돌아가자." 하고 자리를 피합니다. 어째서일까요?

그 까닭은 그 어머니가 캐치볼을 하는 내내 계속 화를 내기 때문입니다.

자신이 공을 받지 못하고 떨어뜨리면 "제대로 못 던지니까 엄마가 잡을 수 없잖아!" 하고 화를 냅니다.

아이가 공을 떨어뜨리면 "제대로 좀 받아. 매번 공을 주우러 다니면 시간이 늦어져서 엄마가 저녁 만들 시간이 없잖아!"라며 역시 화를 냅니다.

겨우 놀이에 익숙해져서 흥이 오를 즈음이 되면 "자, 15분이라고 약속했지? 약속을 지키지 않으면 다음부터 엄마는 오지 않을 거야."라고 또 화를 냅니다.

캐치볼을 하려면 두 사람의 거리가 꽤 멀어야 하므로, 그 어머니는 큰 소리로 화를 냅니다. 그래서 저와 아이들은 그 어머니를 '역정쟁이 아줌마'라고 부르고 있습니다.

저나 우리 아이들은 자기가 혼나는 것이 아니라 하더라도 다른 아이들이 혼나는 모습을 보는 것도 좋아하지 않아서, 역정쟁이 아줌마가 오면 서둘러 채비를 마치고 자리를 떠나버립니다.

그 아이가 아버지와 캐치볼을 하고 있는 모습은 본 적이 없으니, 아마도 모자 가정이거나 아버지가 바빠서 늘 집에 없는 경우일지 모릅니다. 그건 그렇고, 그 어머니는 놀이터에 있는 다른 어머니들 모임에도 늘 끼지 않습니다.

'저 어머니, 참 안타깝네. 정말 열심히 살고 있다는 건 잘 알겠어. 그래도 유감이야. 다른 어머니처럼 아이들은 내버려두고 모여서 수다를 떨면 편할 텐데. 어쩌면 화를 잘 내서 다른 어머니들이

끼워주지 않는 건 아닐까?' 하면서 저대로 생각하곤 합니다.

제가 보기에 그 어머니는 자기 나름대로는 힘내서 노력하고 있기 때문에 계속해서 짜증이 쌓이고 있는 것 같습니다. 이럴 때는 목적을 조금 바꾸기만 하면 짜증이 사라질 수 있습니다.

어머니의 짜증을 없애기 위해, 캐치볼의 목적을 약간 바꿔봅시다. 보통 캐치볼을 하는 목적은 캐치볼 하기입니다. 그러니 캐치볼이 잘 되지 않으면 목적이 달성되지 않았으니 짜증이 납니다.

"무슨 말을 하는 거야? 캐치볼을 하는 목적은 캐치볼 외에는 없지 않아?"
라고 생각하기 쉽지요. 하지만 그렇지 않습니다.

부모가 아이들과 캐치볼을 하는 목적은 '소년 시절의 아이에게 부모님과 즐거운 시간을 공유한 추억을 남기는 것'입니다.

목적이 이것이라면 아이가 서툴러서 공이 멀리 굴러가버려도 "세상에! 공을 언제 저렇게 멀리 굴렸냐? 엄마는 깜짝 놀랐네." 하고 웃을 수 있습니다. 조금만 더 지나면 아이가 성장해버려서 엄마와는 캐치볼을 하지 않을지도 모르니까요.

마찬가지로,
데이트의 목적은 자신이 즐기는 것이 아닙니다.

데이트의 목적은 상대방을 기쁘게 해주는 것입니다.

식사의 목적은 배를 채우기 위함이 아닙니다.

식사의 목적은 건강한 신체를 만들기 위함입니다.

지금 눈앞의 사소한 목적에 마음을 빼앗겨서 본질을 놓쳐버리고 있지 않습니까?

대학에 가는 목적은?

회사에 가는 목적은?

결혼을 하는 목적은?

내가 여기 있는 목적은?

본질을 잃으면 감정이 일그러지기 쉽습니다. 눈앞의 일에 사로잡히면 사소한 일에 우왕좌왕하게 되는 것과 마찬가지입니다.

줄기가 곧게 뻗어 있다면 지엽적이고 사소한 일은 괘념치 않게 됩니다. 지엽은 온갖 장소에서 뻗어 나오기 때문에, 그때마다 마음을 졸여서야 심장이 버틸 수 없습니다.

교각살우(矯角殺牛)라는 말은 소의 뿔을 바로잡으려다가 소를 죽인다는 뜻입니다. 비슷하게는 '가지를 치려다 꽃을 잃는다.', '잎을 자르다 뿌리까지 자른다.'는 속담이 있습니다.

- 뿔을 바로잡으려는 사이에 소중한 소를 죽여 버렸다.

- 가지를 치려고 하는 사이에 소중한 꽃을 잃어버렸다.

- 잎을 잘라내는 사이에 소중한 뿌리까지 잘라버렸다.

비슷한 속담이 세 가지나 있다는 것은 예전부터 지엽에 매달리다 본질을 잃어버리는 사람이 많았다는 뜻이겠지요.

지금 여러분이 하고 있는 행동의 본질은 무엇입니까?

# 오늘부터 기분 좋게 사는 연습을 하세요

"오늘도 사소한 일로 아이를 심하게 꾸짖어버렸습니다. 사실은 무척 사랑하고 있는데……. 말을 듣지 않는 아이를 보고 있으면 나도 모르게 화를 내버리지만, 이러는 게 참 싫어요. 때로는 아이를 안 보려고 화장실에 들어가 있을 때도 있어요."

한 어머니가 이러한 상담을 한 적이 있었습니다.

짜증을 내고 싶지 않다. 징징거리고 싶지 않다. 구시렁거리며 불평하고 싶지 않다.

누구든지 싫은 기분은 길게 끌고 가고 싶지 않겠지요. 그러니 감정을 컨트롤하고 싶다는 바람을 가진 사람이 많기 마련입니다.

그런 기분은 정말 잘 이해합니다. 감정을 컨트롤하지 못하면 곧잘 침울해지고 말지요.

인생은 생각보다 길지 않을 수 있습니다. 그러니 가능하다면 생긋생긋 웃는 얼굴로 기분 좋은 나날을 보내는 게 좋지요. 그러려면 감정을 컨트롤해야 합니다.

하지만 문제는 여기서부터입니다.

그 어머니처럼

"감정을 컨트롤하고 싶어요."

하고 저에게 찾아오는 사람은 대부분 이렇게 말합니다.

"부정적인 기분을 어떻게든 떨쳐내고 싶어요."

상담하러 온 어머니는 아이로 인해 짜증이 나기 시작하면 '화장실에 콕 박혀서' 화를 폭발하지 않도록 억제하고 있습니다. 그 결과 화장실에 있는 동안에는 아이를 혼내지 않을 수 있습니다. 하지만 화장실에서 나오면 말을 듣지 않는 아이가 여전히 자유롭게 놀고 있으므로 상황이 더욱 악화되기도 합니다.

그 밖의 상황에도 이 방법을 택하는 사람이 의외로 많습니다.

일반적으로 한 발로 깡충깡충 걸음을 뛰고 있을 때는 기분이 즐거워지므로, 다른 기분에 빠지는 일이 없다고 합니다. 그래서 깡충 뛰기를 감정 컨트롤이라고 생각하는 사람도 있습니다.

하지만 이 방법을 사용하면, 밤에 침대에 누웠을 때 그날 일어난 사건이 떠오르다가 짜증이 밀려오면 그때마다 일어나서 침실 안에서 깡충깡충 뛰어야 합니다.

그러는 사이에는 짜증이 나지 않지만, 깡충 뛰기를 그만두고 눕는 순간 다시 짜증에 휩싸여버립니다. 그러면 다시 벌떡 일어나서 깡충깡충…… 이렇게 살 수는 없겠지요.

그렇다면 깡충거리는 대신 '짜증을 잊기 위해 살짝'이라고 말하며 술을 마시러 가는 건 어떨까요?

불평하면서 술을 마시다 정신을 차려보니 막차가 끊겼다. 다음 날 숙취에 시달려서 머리가 쿵쿵 깨질 듯이 아프다. '아아, 또 저질러버렸어.' 하고 침대 위에서 큰 한숨이 나온다. 숨결에서도 술 냄새가 풍겨서 다시 스스로가 싫어진다.

화장실에 틀어박히는 것도, 깡충거리기도, 술집 순례도, 모두 싫은 기분을 떨쳐내고 싶은 마음에 선택하는 방법입니다.

그런데 이런 식은 두통이 온 다음 두통약을 먹는 서양 의학적 대증 요법과 비슷합니다. 두통약을 먹고 머리가 괜찮으면, 이번에는 속이 쓰려서 위장약을 먹는 식입니다.

하지만 저는 애초에 두통을 예방하는 동양의학적 사고방식을 실천하는 편이 훨씬 낫다고 봅니다.

감정 컨트롤이나 기분 정리는 이미 일어난 감정이나 기분을 처리하는 것이지만, 평소에 본인이 원하는 기분이 되도록 늘 조절할 수 있다면 훨씬 좋겠지요.

'건강관리'는 병에 걸리지 않는 신체 만들기입니다. 병에 걸렸을 때의 약 처방이 아닙니다. '마음의 건강관리'도 마찬가지입니다. 싫은 기분이 되었을 때 어떻게 대처할까가 아니라, 애초에 기분 좋은 일상을 보낼 수 있는 마음먹기를 배웁시다. 이렇게 해야 즐겁게 실천할 수 있습니다.

화가 날 때 화장실에 틀어박히는 어머니라면 짜증이 난 후에 화장실에 들어가는 방법 말고 먼저 아이에게 애정을 느낄 수 있는 행동을 실천하면 어떨까요?

그 어머니에게 무엇 때문에 화가 나는지 물어보니, 아이가 정리 정돈을 하지 않고 장난감을 마구 꺼내서 놀거나 약속한 시간이 지났는데도 핸드폰 게임을 하기 때문이라고 했습니다.

정리 정돈을 하지 않는다면 아이가 놀이 한 가지를 끝낸 후에 정리 게임을 하자고 제안하여, 같이 하면 됩니다. 어차피 화장실에 틀어박혀도 나와서는 어질러진 방을 직접 치워야 하니까요.

핸드폰 게임을 하는 것이 마뜩찮다면 함께 트럼프 카드 등으로 놀아줍시다. 카드 게임을 하는 동안 가사는 쌓이지만, 화장실에 틀어박혀 있어도 쌓이니까 결과는 마찬가지입니다.

어차피 가사를 할 시간이 부족하니 아이와 함께 노는 편이 마음도 훨씬 편하고, 아이와 교감하는 계기가 될 수도 있습니다. 어머니가 바라는 상태는 이것입니다.

이미 들어버린 감정에 응급 처치를 하지 말고, 원하는 감정 상태가 되도록 행동함으로써 기분 좋은 나날을 보내도록 합시다.

## 감정 정리를 위한 체크 포인트

1. 짜증이 났다는 사실을 알기만 해도 '화나는' 일이 줄어든다.
2. 같은 행동을 하는 한 기대는 배반당할 뿐이다.
3. 맞춰주고, 또는 맞추려 하기 때문에 인간관계가 힘들어진다.
4. 눈앞의 일에 연연하면 감정이 일그러지기 쉽다.
5. 자신이 무엇을 지키려는지 깨달으면 공격 태세가 사라진다.
6. 바라는 인생이 손에 들어오지 않는 이유는 준 만큼 보답을 바라기 때문이다.
7. 분노를 내버려두기보다 어떤 기분이 되고 싶은지 컨트롤하는 편이 낫다.

# 2장

# 좋은 기분이 좋은 사람을 만들어요

# 행복한 기분을 높이는 '아하하'를 아세요?

자기계발 세미나나 책에서 배움을 얻은 사람 중에는 부정적으로 생각하면 안 된다고 굳게 믿고 짜증을 내는 자신을 어떻게든 억누르려고 하는 경우가 많습니다.

계속 울적해하는 것은 나쁜 일이라고 단정 짓고서 억지로 힘을 내려는 사람도 있습니다.

'생각은 현실화되니까 나쁜 생각을 하면 그것이 현실이 되어버린다. 그래서는 곤란해! 절대 곤란해!' 하며, 겁에 질린 자신을 짓눌러서 힘껏 좋은 생각을 떠올리려는 사람도 많습니다.

힘든 일이지요.

그런데 싫은 기분을 느꼈을 때 거기서 빨리 벗어나려고 애쓰는 사람은 많지만, 원하는 기분이 되었을 때 이를 지속하거나 강화하기 위해 행동하는 사람은 별로 없습니다.

좋은 기분을 강화하기란 사실 그렇게 어렵지 않습니다. 기분은 '기가 있는 만큼'이므로, 조금만 노력해도 금방 바뀝니다.

온천에 몸을 푹 담그고서,

"좋은 물이네, 아하하하♬."

하고 노래하면 매우 행복한 기분이 되지요. 아무 말도 하지 않고 가만히 물에 잠겨 있는 것보다 훨씬 기분이 좋습니다.

솔직히 온천 수질이 좋은지 나쁜지 누가 구별할 수 있겠습니까? 어쩌면 수돗물을 데워서 온천향 입욕제를 넣은 것뿐일지도 모르지요. 그래도 그런 것과 상관없이 온천에 들어갔을 때

"좋은 물이네, 아하하하♬."

하고 흥얼거리면

'천국♬ 천국♬'이 됩니다.

마찬가지로 "좋은 ○○○네, 아하하하♬"라고 한마디만 하면 행복한 기분이 훨씬 강화됩니다.

"좋은 일이네, 아하하하♬."

"좋은 남자친구네, 아하하하♬."

"좋은 밥이네, 아하하하♬."

"좋은 말이네, 아하하하♬."

"좋은 나이네, 아하하하♬."

"좋은 가족이네, 아하하하♬."

"좋은 인생이네, 아하하하♬."

이런 식으로 본인의 기분을 강화하는 단어를 늘리는 시도가 중요합니다.

인생은 여러분이 초점을 맞추는 곳에 정통해지도록 되어 있습니다. 아이돌에게 초점을 맞추면 아이돌 정보가 속속 다가와서 아이돌 전문가가 됩니다. 텔레비전 드라마 전문가라면 곧 시작할 시즌의 드라마나 뒷이야기가 다가옵니다.

이외에도 예능 전문가, 경마 전문가, 와인 전문가 등 다양한 사람이 있습니다. 본인이 초점을 맞추고 있는 대상이 가까이 다가오니까요.

즉 싫은 감정을 놓아버리는 데 집중하다 보면 놓아버려야 할 감정이 계속 다가옵니다. 반대로 행복한 기분을 흥얼거리다 보면 행복한 기분이 되는 사건이 많이 찾아옵니다.

싫은 기분 전문가가 될 것인가, 행복한 기분 전문가가 될 것인가. 어느 쪽이 좋습니까?

물론 행복한 기분 전문가가 좋겠지요.

그러니 살짝 행복을 느꼈을 때는 그런 기분을 강화하기 위한 주문이 효과가 있습니다.

행복한 기분이 되려면

“좋은 ○○○이네, 아하하하♬.”

여러분이라면 ○○○ 안에 무엇을 넣겠습니까?

# 나쁜 생각은 어쩔 수 없더라도 나쁜 말은 안 돼요

우적우적, 꿀꺽꿀꺽.

급식 메뉴가 카레라이스일 때 남자아이들은 이런 느낌으로 밥을 먹습니다. 그도 그럴 것이 조금이라도 빨리 먹어치워서 아직 카레가 남아 있을 때 다시 줄을 서야 하니까요.

하지만 매우 좋아하는 카레의 정체가 혹시 이런 것이라면 어떨까요?

카레의 가루가 '똥'이라면요.

'으악!!' 하고 너무 싫어하지 말아주십시오. 죄다 똥인 것은 아니니 안심합시다. 카레 안에 한 숟가락 정도 똥이 섞여 있다고 합시다.

그 정도라면 먹을 수 있습니까?

한 큰술 정도라도 싫은가요?

부디 안심하세요. 숟가락이라고는 하지만 커다란 카레용 숟가락이 아니라 찻숟가락으로 하나일 뿐입니다. 그 정도라면 괜찮겠지요?

역시 싫습니까?

그렇죠, 귀이개 한술 정도라도 절대로 싫겠지요. 카레는 전부 먹을 수 있는 재료로 만들어져야만 하니까요.

여러분이 사용하는 말에도 같은 이야기를 할 수 있습니다.

사람은 가만히 내버려두면 부정적으로 생각하는 생물입니다. 싫은 일이 있으면 짜증을 내고, 슬픈 일이 생기면 가라앉습니다.

그러니 사고방식을 갑자기 100% 긍정적으로 바꾸는 일은 당연히 할 수도 없고, 할 필요도 없습니다.

다만 말 씀씀이만큼은 100% 긍정적으로 해야 합니다. 어떤 생각을 하고 있더라도 괜찮습니다. 무슨 생각을 하더라도 문제는 없습니다. 대신 말만큼은 100% 긍정적인 표현으로 바꿔주십시오. 부정적인 생각을 긍정적인 말로 표현하는 것은 의외로 간단합니다.

예를 들어

싫어. → 좋아하지 않아.

지각하지 마. → 시간에 맞춰서 와.

아, 지쳤다. → 아, 진짜 열심히 했다.

실패하고 싶지 않아. → 성공하고 싶어.

우와~ 위기다! → 우와~ 활약할 때다!

이런 식으로 항상 긍정적인 표현을 사용하도록 의식하세요.

사고방식을 바꾸는 게 아니라 말 씀씀이를 의식하는 것뿐이니 간단하지요. 사고방식은 그 사람의 특성이지만, 말 씀씀이는 태어난 후에 배워서 몸에 익힌 것이니 누구든지 의식하면 다시 바꿀 수 있습니다.

관동 지방 사람이라도 관서 지방에 와서 한동안 생활하면 관서 사투리를 쓰게 되지요? 저는 오스트리아에 1년 정도 머물 당시 손에서 펜을 놓쳐서 떨어뜨렸을 때 무심코 "웁스!"라고 말하고서 스스로 놀랐던 기억이 있습니다. 그 정도로 말 씀씀이란 나중에 얼마든지 바꿀 수 있습니다.

처음 시작할 때 혹시 부정적인 표현을 사용했다면 "지금 한 말은 없었던 걸로!"라고 다시 말하면 됩니다.

긍정적인 사고방식보다 긍정적인 말하기 방식을 배워보세요. 사고방식보다 말이 앞서 옵니다. 왜냐하면 여러분이 무엇을 생각하는지는 남에게 쉽게 전해지지 않지만, 여러분이 한 말은 바로 전달

되기 때문입니다.

사람들은 천성이 어두운 사람보다 밝은 사람을 좋아합니다. 불평하는 사람보다 격려해주는 사람에게 끌립니다.

어제는 격려해줬는데 오늘은 혼낸다는 식으로 매번 다른 대응을 하는 사람은 신뢰받기 어렵습니다.

카레 가루에 조금이라도 먹을 수 없는 것이 섞여 있다면 정색하듯이, 말에도 조금이라도 부정적인 감정이 섞여 있다면 듣는 사람 입장에서는 질려버립니다.

여러분의 말에 때때로 노기가 섞여 있다면 다른 사람이 여러분과 대화를 하려 들지 않겠지요. 음울한 단어가 섞여 있다면 즐거운 이야기를 꺼내지 않게 됩니다.

하지만 '언제나' 긍정적인 말을 사용하다 보면, 다른 사람들이 안심하고 여러분의 주변에 모여듭니다. 멋진 동료들에게 둘러싸여 있으면 여러분 자신의 일상도 멋지고 즐거워집니다.

맛있게 먹으면 0칼로리!

# 뇌의 습관을 알면
# 잡생각을 해결할 수 있어요

‘양 한 마리, 두 마리, 세 마리, 네 마리, 다섯 마리…….’

근심거리가 머릿속을 지배해서 쉽사리 잠들지 못해 괴로워하며 밤을 지새울 때가 가끔 있습니다.

저는 악성 뇌종양을 앓고 있어서, 병을 떠올리면 쉽게 잠이 들지 않습니다.

고민하지 말자고 생각할수록 고민이 깊어집니다. 생각하지 말자고 생각할수록 생각이 많아집니다. 이미 생겨버린 것이니 고민해도 어쩔 수 없는 문제라는 점은 저 자신도 알고 있습니다. 하지만 떠올리기를 멈출 수 없습니다.

이 문제를 어떻게 해야 할지 계속 고민하던 때가 있었습니다.

그러던 어느 날, 뇌의 습관을 이용하면 의외로 간단히 풀린다는 사실을 알았습니다.

뇌에게는 몇 가지 버릇이 있습니다. 그중 다음 세 가지를 이용했더니 싫은 생각에서 벗어나는 시간이 매우 빨라졌습니다.

- 뇌의 버릇 1 : 뇌는 동시에 논리적인 생각을 두 가지 이상 할 수 없다.

즉 뇌는 제대로 사리에 맞춰서 생각해야 하는 주제는 동시에 두 가지 이상 다룰 수 없습니다. 예를 들어 한 문제씩 해결하면 아무것도 아닐 산수 문제도 동시에 여러 가지를 풀 수는 없습니다.

시험 삼아 다음 문제를 동시에 풀어보십시오.

3×2×5와 4×82와 2+4×5는?

순서대로 풀지 말고, 세 문제를 동시에 풀어보십시오.

역시 한 문제씩이라면 어렵지 않게 할 수 있지만 한 번에 대답하기는 무리이지요.

논리적인 문제가 아니라면 두 가지를 동시에 할 수도 있습니다. 예를 들어 낙서를 하면서 음악을 들을 수 있습니다. 가사가 없는 클래식 음악 등을 들으며 글을 쓸 수 있습니다. 하지만 가사가 붙은 음악을 들으며 가사의 의미를 생각하면서 동시에 글을 쓸 수는 없습니다.

- 뇌의 버릇 2 : 뇌는 질문을 받으면 무심코 대답한다.

술을 좋아하나요?

채소와 축구 중 어느 쪽을 더 좋아하나요?

고양이의 어떤 면을 좋아하나요?

하와이에 간 적이 있습니까?

입 밖으로 내어 말하는지와 별개로, 사람은 이런 식으로 질문을 받으면 무심코 대답해버립니다.

예스나 노로 대답할 수 있는 질문에는 예스나 노로 대답합니다. 예스나 노 이외의 대답이 필요할 때는 제대로 문장으로 생각해서 대답합니다.

- 뇌의 버릇 3 : 뇌는 부정형을 모른다.

부정형으로 들은 내용은 우선 긍정형으로 고치지 않으면 이해할 수 없습니다.

'복도를 달리면 안 됩니다.'라는 경고장을 봤을 때, 사람은 문장을 이해하기 위해 우선 복도를 달리는 장면을 떠올립니다. 그리고 이성을 발휘해서 복도에서 뛰는 것은 해서는 안 되는 일이라고 생각하여 자제합니다.(그러니 이성이 길러지지 않은 아이는 달려버립니다.)

이처럼 뇌는 '~해서는 안 된다.'는 부정형 문장은 긍정형으로 바꾼 다음에야 이해합니다.

부정형을 들었을 때는 '해서는 안 된다는 점은 이해할 수 있다.' 지만, '무엇을 하면 좋을지는 모른다.'가 됩니다.

그렇다면 바라는 행동을 긍정형으로 써서 경고문을 만들 필요가 있습니다. 정확히 말하자면 '복도에서는 천천히 걸읍시다.'가 됩니다.

'낙서하지 마세요.', '여기에 빈 캔을 버리지 마세요.'도 마찬가지입니다.

'깨끗하게 사용해주십시오.'나 '빈 캔은 재활용 쓰레기통에 버려주십시오.'라고 고치면 됩니다.

자, 이러한 뇌의 특성 세 가지를 이용하면 '생각하지 않는다, 생각하지 않는다.'라고 생각하면 생각할수록 생각해버리는 심리나 '고민하지 않는다, 고민하지 않는다.'라고 염원할수록 고민해버리는 심리를 어떻게든 해결할 수 있을 것 같지 않습니까?

다음 세 가지 단계로 가능합니다.

- 뇌는 동시에 논리적인 생각을 여러 개 할 수는 없으니, 무엇에 대해 생각할지를 결정한다.

예시) 오늘은 많이 혼났다. 그 일을 생각하면 머리가 복잡해져서 잠을 잘 수 없다. 그러니 혼난 것은 생각하지 말고 혼나지 않았던 다른 날의 기억을 떠올리자.

- 뇌는 질문에 대답해버리니 첫 번째 단계에서 만들어낸 생각에 관한 질문을 만든다.

예시) 같은 실패를 반복해서 혼나지 않으려면 어떻게 해야 좋을까?

- 뇌는 부정형을 이해하지 못하므로 두 번째 단계에서 만든 질문이 긍정형인지 확인한다.

예시) 같은 실패를 반복해서 혼나지 않으려면 어떻게 해야 할까?

→ ('혼나지 않으려면'은 부정형이니 이 부분을 바꾼다.)

칭찬받으려면 어떻게 해야 좋을까?

언제까지나 같은 고민을 끙끙 안고 있지 말자는 깨달음을 얻었다면, 이 세 가지 단계를 진행해보십시오.

세 가지 단계를 생각하는 사이에는 뇌가 다른 논리적인 생각에 빠지지 못합니다. 그러니 머리에서 떠나지 않았던 문제를 생각하는 시간은 저도 모르는 사이에 없어져 버립니다.

양을 세어 봐도 쉽사리 근심거리가 사라지지 않는 것은, 양을 세는 행위가 논리적인 문제가 아니기 때문입니다. 양을 세면서 근심거리도 같이 생각해버리니 아무리 해도 근심이 사라지지 않는 것이지요.

뇌야,
깨끗해져라.
제발…

# 무엇 덕분인지를 묻는 습관을 들이세요

뇌에는 '질문을 받으면 대답한다.'는 버릇이 있다고 앞서 말했습니다.

조금 더 깊이 파고들어보면, 사실 날마다 삶을 더욱 풍성하게 만들기 위해 활용할 수 있는 버릇이 있습니다.

뇌는 질문에는 제대로 대답하지만, '질문의 범위에 없는 대답'은 하지 않습니다.

예를 들어 "좋아하나요?"라는 질문을 받으면 좋은지 싫은지를 대답합니다. 좋아하냐는 질문을 받고서 싫어하는 것을 대답하는 사람은 없습니다.

A 씨 : 카레라이스 좋아하나요?

B 씨 : 저는 셀러리를 싫어합니다.

이상하지요? 사람은 질문에 관한 대답의 범위 안에서밖에 대답할 수 없습니다.

그러니 뭔가 실패를 했을 때,

'왜 실패한 걸까?'

라고 자신에게 질문을 던지면 뇌는 실패한 이유를 생각해서 대답을 도출해냅니다. '……였기 때문에 실패한 거야.'라는 식이지요.

그리고 실패한 원인을 자기 안에서 발견했을 때,

'나는 어째서 이렇게 글러먹은 사람일까?'

라고 다시 질문을 던지면 이번에는 '어째서 나는 글러먹었는지' 이유를 생각해서 답을 냅니다.

- 대학을 나오지 않았기 때문이다.
- 낯을 가리는 성격이기 때문이다.
- 실전에 약하기 때문이다.

등으로 자신을 탓해버립니다.

누구에게든지 좋은 점이 있으면 글러먹은 점도 있습니다. 그런데 스스로 자신의 나쁜 점을 집어내는 질문을 던지기 때문에 대답을 도출하고서 더욱 가라앉는 것입니다.

그런데 사람은 실패의 원인을 자신의 탓이라고 생각하고 싶지 않아 합니다. 남에게 전가하고 싶어 합니다. 그래서 다음과 같은 말도 있을 정도입니다.

사람은 넘어지면 일단 돌을 탓한다. 돌이 없으면 비탈길을 탓한다. 비탈길이 없으면 신고 있는 신발을 탓한다. 사람은 어지간해서는 자기 탓을 하지 않는다.

따라서 기분이 일단 가라앉고 나면 남 탓으로 돌리는 질문이 머릿속을 지배합니다.

'내가 이렇게 글러먹은 놈인 건 누구 탓인가?'

- 어린 시절에 부모님이 제대로 교육을 하지 않았기 때문이다.
- 모자 가정에서 자랐기 때문이다.
- 저 사람이 그런 일을 했기 때문이다.
- 저 녀석이 그것을 해주지 않았기 때문이다.
- 남자 친구가 그런 일을……
- 여자 친구가 저걸……
- 선생님이……
- 상사가……
- 회사가……

급기야는 조상이…… 하고 선조까지 끌어들여서 남 탓을 해버립니다.

하지만 변명이나 책임 회피에 능하게 되더라도 여러분의 인생이 호전되는 것은 아닙니다. 자신의 인생은 스스로 책임져야만 하니까요.

그러니 기분이 가라앉았을 때에는 무심코 남 탓으로 돌리는 질문을 하지 말고, 자신이나 누군가의 덕분이라고 생각하는 질문을 하면 좋습니다.

우선 평소에 기운차고 기분이 가라앉지 않았을 때 예를 들어 이런 질문을 합니다.

'나는 누구와 무엇을 하고 있을 때 행복한가?'

'나는 지금까지 어떻게 살아왔나?'

'인생의 전환점이 된 것은 언제인가?'

'내가 지금 살아 있는 것은 왜일까?'

이런 식으로 누군가의 '덕분인 질문'을 생각해두면 좋습니다. 침울할 때 갑자기 이런 생각을 하기란 어려우니까요.

그러고 나서 실패하여 영문을 알 수 없을 때나 자기 자신을 잃어버렸다는 생각이 들 때 일단 '누군가의 덕분'인 점을 되새기는 질문을 하도록 합니다.

내가 질문을 하지 않으면 사람은 무심코 자신의 실패를 남 탓으로 돌리려고 합니다. '덕분인 질문'은 그런 연상을 방지해줍니다. '질문에 대답해버리는' 뇌의 버릇 때문입니다.

누군가의 '덕분인 질문'을 끝내고 나면 이어서 스스로 이렇게 질문합니다.

'어떻게 하면 다음에는 잘될까?'

이때 잘될 방법이 머릿속에 떠오르면 이어서 다시 질문을 던집니다.

'나는 지금까지 어떤 것을 달성했지?'

'나는 얼마나 멋진 사람이지?'

'지금까지 행운이었던 일은 무엇이지?'

'잘되기 위해서 뭘 하면 좋지?'

'나는 뭘 하면서 인생을 즐기면 좋을까?'

'인생을 더 멋지게 만들려면 어떤 일을 할 수 있을까?'

'나는 누구의 웃는 얼굴을 보면 행복하지?'

이렇게 계속해서 질문을 던지면

1. 자신의 실패를 남 탓으로 돌리는 것을 방지하고

2. 초점을 과거의 실패에서 장래의 성공으로 돌려

3. 자신에게 이를 달성할 소질이 있음을 떠올릴 수 있습니다.

이러한 질문에 대해 그 자리에서 바로 대답을 하지 못해도 괜찮습니다. 후에 대답을 발견한 순간 뇌는 '이거다!' 하고 깨닫습니다. '여름휴가에는 어디로 여행을 갈까?'라고 생각하고 있으면 그때까지 존재조차 몰랐던 신문 광고란의 '여름휴가 여행 투어' 기사가 눈에 들어오는 것과 마찬가지입니다.

중요한 것은 지금까지처럼 '왜 나는 항상 실패하는 걸까?'라고 질문하지 않는다는 점입니다.

그러면 머리는 그 후에 계속 '내가 실패하는 이유'를 찾습니다. 그리고 때때로 늦잠을 자거나 정리 정돈을 하지 않거나 결정한 사항을 제대로 이행하지 않았을 때 뇌가 '이거다!' 하고 실패하는 이유를 찾습니다.

"아아, 역시. 그래서 내가 늘 실패하는구나."

그리고 그 원인을 '부모의 가르침을 받지 못했기 때문이다.', '편부모 가정에서 자라서다.' 등 남 탓으로 돌려버립니다.

이런 행동을 해봤자 어느 것 하나 좋은 일은 없지요. 자신의 인생이 생각대로 되지 않는 것을 '남 탓'으로 돌린다 하더라도, 그 결과 여러분의 인생이 좋아지지는 않습니다.

'저 사람 탓인데.'라고 생각하더라도, 저 사람이 여러분 인생을 책임져주지는 않습니다. 왜 책임을 져주지 않는 걸까 골똘히 고민한다 하더라도 인생이 호전되지는 않습니다.

그러니 일이 잘 돌아가지 않을 때 이러니저러니 남 탓으로 돌리는 습관은 그만두도록 합시다. 그리고 '누군가의 덕분'인 대답이 돌아오는 질문을 합시다. 그러면 어깨의 긴장감을 내려놓을 수 있습니다.

# 억지 긍정 말고
# 좋은 기분을 유지하세요

비가 오면 떠오르는 말이 있습니다.

아직 초등학교 1학년이었던 큰아들과 괌에 갔을 때의 이야기입니다.

새파란 하늘, 하얀 해변, 수많은 열대어가 헤엄치는 아름다운 바다에서 놀고 있자니 갑자기 스콜이 몰아쳤습니다. 아까까지 쾌청했기 때문에 사람들은 다들 깜짝 놀랐습니다.

모두 '꺄~ 꺄~' 소리치며 허둥지둥 해변으로 돌아가고 있는데, 아들은 튜브를 타고 바다에 둥둥 떠 있으면서 돌아오려 하지 않았습니다.

"비가 내리기 시작했어, 빨리 해변으로 돌아와!"

제가 그렇게 소리치자, 계속 튜브를 탄 채로

"비가 내리면, 비를 즐겨요."

라고 말했습니다.

'그러게, 그 말이 맞다. 어차피 젖었고, 해변에 두고 온 물건 중에서 젖으면 곤란한 것들은 비닐 안에 넣어 놨으니 서둘러 돌아갈 이유가 없구나.'

초등학교 1학년인 아들에게 매우 소중한 교훈을 얻었습니다.

"비가 내리면, 비를 즐겨요."

이는 언제나 긍정적으로 살라는 뜻이 아닙니다.

뭐든지 긍정적으로 생각해야만 한다고 믿는 사람도 있습니다.

기껏 괌까지 와서 해수욕을 하는데 비가 온다. 가능하면 피하고 싶은 상황이지요. 하지만 피할 길이 없으니 그들은 어떻게든 무리해서 이 상황을 긍정적으로 받아들이려고 합니다.

'이 상황에 있어서 좋은 점은 무엇인가?'

'아아, 그렇지. 다른 사람들이 모두 해변으로 피신했으니 바다를 전세 낸 것처럼 쓸 수 있어! 행운이야!'라는 식으로 무리해서 생각하기 쉽습니다.

저는 이렇게 하자고 제안하는 것이 아닙니다.

애초에 괌의 해변은 별로 북적대지 않으니 전세를 내지 않아도 괜찮습니다. 그런데도 무리해서 '이걸로 좋았어.'라고 굳게 믿기 위해, 억지로 긍정적인 듯한 생각을 짜내지 않아도 좋습니다.

다만 그런 기분을 받아들이고 즐기는 여유를 항상 가지고 있기를 바랄 뿐입니다. 비가 잦아들었으면 좋겠다, 개지 않으려나, 이렇게 생각하면서 하늘을 바라보는 순간까지 즐겼으면 합니다.

아들은 맑은 해변을 즐기기 위해 온 것이 아니라 아버지와 해외여행을 즐기기 위해서 졸린 눈을 비비며 한밤중에 비행기를 타고 괌까지 놀러 온 것입니다.

그러니 비가 내리기 시작했다고 해서 '유감이네, 아쉬워. 맑았으면 했는데.'라고 투덜거린다면 애초의 목적에서 멀어지는 것입니다.

즉 어쩔 수 없는 일은 어쩔 수 없으니까 집착하지 않고 빨리 포기합니다. 그리고 스스로 컨트롤할 수 있는 것은 간단하게 포기하지 않습니다.

고로 날씨는 포기합니다. 천둥 번개와 직접 담판을 지을 수는 없으니까요. 하지만 아버지와 괌 여행을 즐기는 것만큼은 무슨 일이 있어도 관철합니다. 바깥 날씨가 어떻든 마음속의 날씨는 언제나 쾌청하게 유지할 수 있습니다.

아시겠습니까?

날이 개면 최고의 기분을 만드는 것이 아니라, 우선 최고의 기분이 된 다음에 즐기는 것입니다.

사람들은 컨트롤할 수 없는 것을 컨트롤하려고 하기 때문에 무리를 합니다.

바다를 컨트롤하려 들지 마세요. 대신에 자신의 배를 컨트롤하세요. 바깥 날씨는 컨트롤할 수 없지만, 내 기분은 컨트롤할 수 있습니다.

"비가 내리면, 비를 즐겨요."

이는 언제나 마음을 쾌청하게 유지할 수 있는 주문입니다.

# 한 면씩 꾸준히 닦아 나가면 돼요

'좋아! 나, 엄청 성장했어.'

'일취월장한 것 같아.'

'뭔가 다른 사람이 된 것 같은 기분이 들어.'

자기계발 세미나에 참석하거나 교재를 공부하고 책을 읽다 보면 이렇게 느껴지는 순간이 있습니다.

'이제 괜찮아.'

'나는 다시 태어났어.'

'지금까지의 내가 아니야.'

라고 생각한 것도 잠시, 몇 주가 지나고 나면 다시 칠칠치 못하게 행동하고 맙니다. 그러면 좌절하거나 정체감을 느끼고 이전의 모습으로 돌아가는 사람이 적지 않습니다.

'역시 안 돼.'

'아직도 전혀 성장하지 않았어.'

'나는 예전 그대로야.'

그렇게 생각해서 풀이 죽거나 우물쭈물 중얼거리고, '이대로는 안 돼.'라고 다시 결심해서 벌떡 일어나 세미나에 다시 참가하여 스스로 기합을 넣습니다.

하지만 이들은 분명 다시 같은 일을 반복하겠지요.

저는 8년간 여러 세미나에서 스태프로 근무하면서 총 2만 명 이상의 세미나 참가자를 도왔습니다. 그래서 이러한 사람을 정말로 많이 알고 있습니다. 사실 저 자신도 세미나 마니아로 오랫동안 그렇게 보냈습니다.

하지만 스태프로 일하면서 많은 참가자를 보는 사이, 이러한 악순환은 특정 오해 때문에 일어난다는 사실을 깨달았습니다.

그 오해란 참가자들이 자신을 '수정 구슬'로 연상하는 것입니다.

수정 구슬은 완전한 공모양이지요. 그러니 자신을 수정 구슬로 연상하는 사람은 자기계발을 하면 그야말로 전체가 반짝반짝 빛나는 듯한 기분이 됩니다.

하지만 시간이 흐른 어느 날 반짝반짝한 구슬에서 흐려진 부분을 발견하면 마치 전체가 흐려진 듯한 기분을 느끼며 순식간에 침울해합니다.

그리고 다시 자기계발을 위한 세미나 여행을 떠나는 악순환을 반복합니다.

이 문제는 자신을 수정 구슬이 아니라 '다이아몬드'라고 연상하면 해결됩니다.

다이아몬드는 수정 구슬처럼 구체가 아니라 깎여 있지요.

떠올려보십시오. 육면 커팅한 다이아몬드입니다.

육면 커팅…… 육면 커팅…… 주사위잖아!!

다이아몬드는 96면이나 128면, 이런 식으로 커팅한 면이 많은 편이 아름답지요?

인간도 그렇습니다.

다양한 면이 있기 때문에 깊이 있는 사람이 되는 것입니다.

오늘 여러분이 뭔가를 배우거나 경험하면, 그로써 자신의 한 면을 닦은 것입니다.

이어서 또다시 나쁜 면이 눈에 띄면 이는 그저 '그 면은 닦지 않았을 뿐'입니다. 전체가 모두 나빴던 것이 아닙니다.

'다시 닦을 면이 생겼으니까, 깊이가 더해지겠네.'

이렇게 생각하십시오.

무언가를 가볍게 경험하거나 배우기만 해도 수정 구슬처럼 반짝반짝 빛나게 되어서 닦을 면이 없어진다면 인생은 참 재미없지 않겠습니까?

하나하나 닦아서 점점 멋진 사람이 됩시다.

혹시라도 오늘 흐려진 부분을 발견하더라도, 그 밖의 여러 기억이 여러분의 마음속에 보물로 뚜렷하게 존재합니다.

책을 읽거나 교재를 공부하고 세미나에 참가해서 '좋아! 할 수 있어!'라고 생각한 일은 거짓이 아닙니다. 괜찮습니다, 여러분은 성장하고 있으니까요.

# 기분이 좋아지는 말을 해보세요

몸에 딱 맞는 옷을 입고 있으면 힘들지요.

아주 사소한 일까지 확인하고 트집을 잡는 상사와 함께 일하는 것도 괴롭습니다. 핸들을 아주 살짝 움직이기만 해도 휙 돌아가는 차는 운전하기도 버겁습니다. 딱 맞게 돌아가는 것은 의외로 '괴롭'습니다.

딱 맞기 때문에 괴롭다면 살짝 여유를 주면 됩니다. 핸들에 약간 여유를 주면 운전이 편해지듯이, 인간관계에도 가볍게 '여유'를 가지면 훨씬 편해집니다.

여러분은 '물의 결정'이라는 이야기를 알고 계십니까?

눈의 결정처럼 물에도 결정이 있다는 내용입니다.

물의 결정은 물을 향해서

"고마워."

"최고야."

"행복해."

라고 아름답고 긍정적인 말을 들려주면 아름다운 모습이 되고, 반대로

"바보 자식."

"최악이야."

"어디로든 꺼져버려."

같은 나쁘고 부정적인 말을 들려주면 일그러진 모습이 되어버린다고 합니다.

사람의 신체도 70%는 수분이라고 하지요. 그러니 부정적인 말을 들려주면 위축되어서 일그러지고 비뚤어진 인간이 됩니다.

여러분이 하는 말은 여러분의 귀가 제일 잘 듣고 있습니다. 그러니 평소에 불평이 많거나 투덜거리는 사람이 있다면, 그런 나쁜 말이 귀에 들어와서 자신을 비뚤어지고 일그러지게 합니다.

싫지요. 무서운 일입니다. 그러니 자신을 비뚤어지게 만들지 않도록 아름다운 말을 사용하자는 것이 '물의 결정' 이야기가 전하고자 하는 메시지입니다.

그 밖에도 의식해두면 좋은 것이 또 있습니다.

바로 부모님이나 상사, 선배에게 혼났을 때의 대처법입니다.

그럴 때는 누군가에게 들은 심한 말 때문에 스스로 토라지거나 일그러지고 비뚤어져 있을 수 있습니다. 비뚤어진 채로 혼난 부분을 열심히 착실하게 개선하려고 들기 때문에 괴로워집니다.

나빴던 일은 개선하는 편이 좋지만, 이때 '여유로운 마음'을 가져주길 바랍니다. 구체적으로는 일그러진 자신을 회복하기 위해 좋은 말을 건네도록 합니다.

'나는 최고야.'

'나는 멋져.'

'정말 운이 좋아.'

'아주 행복해!'

'행복해, 행복해.'

이런 식으로 본인이 들으면 기쁜 말을 입 밖에 내어서 말하도록 합니다.

소리 내어 말하면 자신이 하는 말을 귀로 들을 수 있으니 그저 머릿속에서 생각할 때보다 좋은 성과를 낼 수 있습니다.

우선 자신의 상태를 다독인 다음, 좋은 에너지를 내어 행동에 나서는 것입니다. 그러면 혼나서 주눅이 든 채로 움직일 때보다 결과가 훨씬 좋아집니다.

'내가 나빠서 혼난 거니까 들은 대로 제대로 받아들이고, 글러먹은 나 나름대로 힘을 내자. 또 혼나는 건 싫으니까 실수하지 않도록 해야 해.'

이렇게 생각하는 사람은 아주 '착한 아이'지만, 여러분의 마음은 비명을 지르고 있을 것입니다. 누군가에게 상처를 받은 자신의 마음에 스스로 채찍질을 하면 어떻게 합니까? 피학 성향에도 정도가 있습니다.

이런 때야말로 조금 여유를 가지고, 자신만큼은 본인에게 상냥하고 부드러운 말을 건네는 습관을 들입시다.

자, 여러분의 마음이 치유되는 좋은 말은 무엇인가요?

# 한번 큰맘먹고 쉬는 것도 방법이에요

무슨 짓을 해도 실패할 뿐 뭘 해도 잘 되지 않는다. '아~ 이제 어떻게 되든 상관없어.'라고 생각해버리는 시기는 누구에게든 있습니다. 소위 말하는 '슬럼프'나 '최악의 상황'이지요.

옛날 방식의 스포츠 만화에서는 그런 때 첫째도 연습, 둘째도 연습이라며 지쳐 나가떨어질 때까지 계속 움직이게 합니다.

그런 때야말로

"쉬면 안 돼."

"나태해지면 안 돼."

"열심히 해야 해."

라는 가르침을 주입하던 시대입니다.

하지만 사실 이런 식으로 생각할 필요는 없습니다.

일단 한번 큰맘먹고 쉬는 것도 하나의 선택지입니다. 제대로 휴식을 취하거나 이어서 실천할 수 있도록 뭔가를 배우는 것도 좋은 일입니다.

여기까지는 흔한 사고방식이므로 비슷한 조언을 받은 사람도, 이미 실천하는 사람도 있을 것입니다. 문제는 그 다음입니다.

기껏 쉰 후에

"세워둔 계획대로 하지 않은 나는 글러먹은 사람이다."

"나 따위, 게을러빠진 인간이야."

"뭘 해도 중간에 집어치워 버리는 한심한 성격이야."

라는 생각에 사로잡혀서 스스로 '글러먹은 사람이라는 딱지'를 붙이고 마음의 병을 얻는 사람이 있습니다.

쉴 때 자신에게 '글러먹은 사람 딱지'를 붙일 필요는 없습니다. 쉴 때는 제대로 쉬는 것이 중요합니다. 그리고 제일 중요한 것은 그 다음입니다.

때로는 큰맘먹고 쉬는 것도 좋은 일입니다. 하지만 계속 쉬는 것은 좋지 않습니다.

야구에서도 투수가 1회 초 첫 타자부터 모두 전력투구를 하면 마지막까지 버틸 수 없습니다. 중간에 조금 힘을 빼고 여유로운 공을 던질 때도 있어야 합니다.

하지만 여유로운 공은 '다음에 전력투구를 해서 타자를 공격하기' 위한 공입니다. 계속 여유로운 공만 던지면 시합에서 이길 수 없습니다. 여유로운 공을 던지는 것은 좋지만 계속 던져서는 안 됩니다.

인생에서도 분명 마찬가지입니다. 쉬어도 좋지만, 계속 쉬는 것은 좋지 않습니다.

인생 따위는 주사위 놀이 같은 거라고 생각해 주십시오.

'한 번 쉬기'나 '출발점으로 돌아간다.'에 걸리더라도 제대로 다음 순서에 주사위를 던지기만 하면 언젠가 '결승점'에 도착합니다.

그러나 본인 순서에 주사위를 던지지 않는 것은 안 됩니다.

주사위를 던져서 '다시 출발점으로 돌아간다.'에 걸리면 어떡할까가 고민인 나머지 움직이지 않는다니요?

던져보지 않으면 모르지 않습니까? 어쩌면 '주사위를 한 번 더 던진다.'가 걸려서 두 번 연속으로 주사위를 던질 수 있을지도 모르니까요.

그렇게 긍정적으로 생각할 수 없다고요?

그래도 괜찮습니다.

긍정적으로 생각하든 아니든 주사위를 던지다보면 언젠가 제대로 도착할 수 있습니다.

여러분이 어떻게 생각하고 있는지는 결과와 관계가 없습니다.

결과에 직결하는 요소는 생각이 아니라 행동입니다.

오늘은 한 번 쉬어도 좋으니까, 내일은 제대로 주사위를 던집시다. 주사위의 대단한 점은 어떻게 던지더라도 일단 던지기만 하면 '제대로 눈이 나온다.'는 것이니까요.

# 마음의 문을 닫는 바보가 되지 마세요

카운슬링이나 코칭을 하다 보면 "솔직하게 말해 보세요. 사실은 해결하고 싶지 않지요?"라고 묻고 싶은 상담자가 있습니다. 세미나나 워크숍을 들을 때도 마찬가지입니다.

기껏 비싼 돈과 귀중한 시간을 지불해서 상담을 받으러 왔는데 안타까운 일이라고 생각합니다. 그런 상담자는 공통적으로 "하지만요."라고 말합니다.

아무리 제안을 하고 조언을 해도 대답은 "하지만요."부터 시작하여, 그 후 계속해서 '그렇게 할 수 없는 이유'가 이어집니다. 마음의 문을 닫고 제가 하는 말은 완전히 거부합니다.

이럴 때는 마음을 열려 해도 상대방이 열지 않겠다고 애쓰므로 오히려 역효과가 납니다. 마음의 문을 열 수 있도록 다시 처음부터 시작해야 합니다. 주사위로 말하자면 '출발점에 돌아간다.'에 걸린 느낌입니다.

'무리야 무리! 나는 절대 할 수 없어!'라고 자신의 가능성을 닫는 사람은 다른 의견도 완전히 부정해버립니다.

이것의 원인은 '스스로 자신을 평가하기' 때문입니다.

카운슬링을 받으러 오는 사람은 '뭔가 자신에게 문제가 있다.'고 생각합니다. 코칭을 받으러 오는 사람은 '혼자서는 잘할 수 없다.'고 생각해서 오는 경우가 많습니다. 어느 쪽이든 스스로 내린 평가가 낮지요.

자신에 대한 평가가 낮은 채로 뭔가를 개선하려고 하면 '무리야 무리! 절대 할 수 없어!'가 되어버립니다.

하지만 애초에 본인이 어떤 일을 할 수 있는지 판단하는 대상은 자기 자신이 아닙니다. 자신이 할 수 있는 일이 '적당한지'를 스스로 판단하다 보면 아무리 시간이 지나도 성장할 수 없습니다.

이는 아이가 성장함에 따라 읽는 그림책이 바뀌는 과정과 비슷합니다. 처음에는 유아에게 단순한 사물이 나오는 그림책을 먼저 읽어주지요. 그리고 몇 년이 흐르고 나면 조금씩 아이에게 이야기의 흐름을 들려줍니다.

부모님이나 선생님이 "오늘은 『모모타로』를 읽자."라고 말할 때 "무리예요. 절대 할 수 없어요. 선생님, 제가 벌써 『모모타로』를 읽다니 너무 빨라요. 『미피와 친구들』 정도로 해요."
라고 말하며 유아가 거부한다고 생각해보세요. 이런 경우 이상하다는 점은 금방 알 수 있지요. 어떤 책을 읽을지는 어느 정도 분별력을 기르기 전까지는 유아가 아닌 어른이 고릅니다.

"너 정도의 나이가 되면 이런 책을 읽는 거야."

그렇게 추천받은 책을 순순히 읽거나 듣다 보면 제대로 나이에 맞게 성장할 수 있습니다.

저는 분명 인생도 이와 마찬가지라고 생각합니다.

"이제 당신 정도라면 이런 일은 극복할 수 있어요."

신이 그렇게 생각했기 때문에 이런 문제가 찾아오는 겁니다. 그러니 여러분은 이 문제를 반드시 해결할 수 있습니다.

스스로 자신에 대한 평가를 낮게 내려서 '나는 아직 할 수 없어.'라며 문제에 대처하지 않으면 아무리 시간이 지나도 단순한 사물만 나오는 그림책밖에 읽지 못하는 아이 상태에 머무르는 것과 같습니다.

충고를 들은 대로 『모모타로』를 읽고서 스토리가 있는 편이 재미있다는 점을 깨달으면, 이어서 스스로 『신데렐라』나 『백설공주』

를 읽을 수 있습니다.

이와 같이 여러분보다 윗 단계에 오른 사람이
"이렇게 하면 좋을 거예요."
라는 조언을 한다면 '본인이 할 수 있다고 생각하는지와 상관없이' 일단 순순히 받아들여야 합니다. 여러분에게 조언을 한 사람은 '당신이라면 이 정도 일은 할 수 있다.'고 생각했기 때문에 그런 조언을 한 것입니다.

일단 해보고 할 수 없었다면 다시 다른 수단이 없는지 물어보면 됩니다.

"『모모타로』를 읽어봤지만 내용이 어려웠어요."

"그런가? 그렇다면 『토끼와 거북이』부터 시작해보자."

이런 식으로 여러분에게 맞는 조언을 받을 수 있습니다.

하지만 언제까지나 『모모타로』를 거부한다면, 자신에게 맞는 다음 조언을 받을 수 없습니다.

신뢰할 수 있는 사람이 조언을 하면 일단 따라서 행동하는 식으로 신이 내린 과제(인생에서의 문제)를 제대로 해결해야 자신의 힘이 길러집니다.

어쨌거나 마음의 문을 닫는 것은 아까운 일입니다.

# '변신'하면 성과를 낼 수 있어요

여러분은 혹시 애써서 뭔가를 했지만 성과를 내지 못한 적이 있습니까?

저는 그런 적이 많습니다. 어린이 야구부, 중학교 농구부, 그리고 고등학교 럭비부에서도 열심히 연습했지만 선발 멤버에 뽑히지 못했습니다. 그래서 계속 저는 운동신경이 둔해서 노력해도 안 되는 것이라고 생각했습니다.

노력해도 성과가 나지 않아, 어째서일까? 고민하는 일이 있지요. 저는 그 대답을 의외의 곳에서 찾았습니다.

가면 라이더, 울트라맨, 이런저런 레인저, 인조인간 키카이다, 바롬원 같은 히어로 하면 어떤 생각이 떠오르시나요?

어느 날 아이와 함께 히어로 애니메이션 방송을 보다가 깨달았습니다. 히어로에게는 특별한 공통점이 있다는 사실을 말입니다.

그것은 바로 '변신'입니다.

히어로는 적과 싸울 때 반드시 변신합니다. 가면 라이더가 되기 전에는 평범한 사람입니다. 사람인 상태로는 악당과 대적하지 않습니다. 변신 자세를 취하고 가면 라이더로 변신한 다음 악당과 싸웁니다.

'히어로는 행동하기 전에 반드시 변신한다.'

그렇다면 우리도 똑같이 변신해도 좋지 않을까요?

현실 세계에서는 육체를 개조할 수 없으니, 셀프 이미지를 바꾸는 것이 '변신'에 해당합니다.

셀프 이미지란 자신이 가진 스스로에 대한 이미지입니다.

- 나는 덜렁이야.

- 나는 적극성이 없어.

- 나는 낯을 가리는 편이야.

- 나는 서툴러.

- 나는 마지막에 실수를 해.

이런 셀프 이미지를 가진 채 행동에 나서면 그렇게 생각한 대로의 결과가 발생합니다.

그러니 셀프 이미지를 바꿔서 '변신'하도록 합시다.

변신 방법은 간단합니다.

우선 여러분이 무엇이든 조금이라도 잘하는 것을 떠올리세요.

무엇이든 되도록 단시간에 할 수 있는 것이 바람직합니다. 볼링이나 야구 배팅, 피아노, 기타 연주 등이 좋습니다. 퍼즐이나 뜨개질은 추천하지 않습니다.

이어서 그것을 시행할 수 있는 상태를 만드십시오. 볼링장이나 배팅 센터에 가거나 피아노 앞에 앉는 등입니다.

그리고 자기에게 알맞은 '변신 자세'를 정합니다. 히어로에게는 제각기 변신 자세가 있지요. 결국 중요한 역할을 담당하는 것은 이 변신 자세입니다.

변신 자세는 무엇이든 좋습니다. 프로 야구 선수가 타석에 섰을 때나 스모 선수가 싸울 태세를 갖출 때 언제나 같은 동작을 하는 사람이 있지요. 야구방망이를 크게 휘두르거나 얼굴을 탁탁 두드리는 등 동작은 사람마다 다릅니다.

여러분이 하는 변신 자세도 한 동작으로 할 수 있는 간단한 것이 좋습니다. 예를 들자면 오른손으로 왼쪽 가슴을 탕탕 두드리는 것 등입니다.

그리고 특기인 일을 하기 시작합니다. 볼링공을 던진 순간 이번에는 스트라이크라고 확신하면 '변신 자세'를 취합니다.

'공을 던진다. → 스트라이크를 짐작한다. → 변신 자세 → 탕! 스트라이크!'

이 과정을 몇 번이고 반복합니다.

배팅이라면 공이 야구방망이 한가운데에 맞아서 날아간 순간 '변신 자세'를, 피아노나 기타라면 장기인 곡을 연주하기 직전에 '변신 자세'를 취합니다.

지금 대체 뭘 하는 중인가 하면, 사실 '뇌의 교육'을 진행하는 중입니다.

여러분은 '파블로프의 개' 이야기를 알고 계시지요?

개에게 먹이를 줄 때 종을 울리고 나서 주는 과정을 한동안 거치고 나면, 개는 먹이가 없어도 종을 울리기만 하면 침을 흘리게 됩니다. 이 훈련을 본인에게 적용하는 것입니다.

변신 자세를 하고 잘하는 일을 한다. 또 변신 자세를 하고 잘하는 일을 한다. 몇 번 정도 이 과정을 반복하는 사이 '이 자세를 취하면 결과가 좋다.'고 믿게 됩니다.

변신 자세를 취하기만 해도 이어지는 일을 잘하는 상태가 되어 가는 것입니다.

나는 덜렁이다, 마지막이 되면 꼭 실수를 한다는 셀프 이미지는 과거의 기억에 의해 형성된 것입니다.

이번에도 그렇게 될 거라는 조짐은 그 어디에도 없는데 과거에 일어났던 일을 자기도 모르는 사이에 떠올려버려서, 마음속 어딘가에서 '또 실수를 하면 어쩌지?'라는 소리를 스스로에게 들려줍니다.

그러면 신체가 반응해서 긴장하거나 위축되고 굳어버립니다. 당연히 결과가 나빠지지요.

그러니 '또 실수하면 어쩌지?'라는 불안이 머릿속을 스쳐 지나가기 전에 변신 자세를 취해서 뇌파를 기분 좋은 상태로 맞추는 것입니다. 그러면 '특기 분야다, 맡겨줘!'라는 생각에 쭉쭉 나아갈 수 있게 됩니다.

당연히 '나 이거 잘 못해.'라고 위축된 채로 움직일 때보다 성큼성큼 나아가는 쪽의 결과가 좋습니다.

뉴질랜드 럭비 대표팀 올 블랙이 시합 전에 추는 '하카'도 대표적인 변신의 하나입니다.

럭비는 한 팀에 열다섯 명이나 되는 인원이 참여하는 스포츠입니다. 당연히 그중에는 시합 당일이 첫 출장인 선수도 섞여 있곤 하겠지요.

하지만 시합 전에 '하카'를 춰서 변신하면 언제나 전원이 좋은 상태로 시합에 임하게 됩니다. 그러니 '무적'이라고 불릴 정도로 강합니다.

언제나 간단하게 할 수 있는 '변신 자세' 하나면 여러분도 올 블랙처럼 '무적'의 인생을 손에 넣을 수 있습니다.

# 긍정 심리로 모든 것을 해결하지 마세요

저는 화를 잘 내는 성격을 고치기 위해 심리 요법을 배우면서 많은 가르침을 얻었습니다. 그래서 제 경험을 통해 우울하거나 주눅 든 사람의 마음이 조금이라고 가벼워지면 좋겠다는 마음으로 카운슬링이나 강연 등을 합니다.

일본에서는 아이가 넘어졌을 때 어머니가 '아픈 것은 날아간다.' 고 말해서 아픔을 완화해줍니다. 쉽게 말하자면 이것이 심리 요법입니다.

대수롭지 않게 긁힌 상처 정도라면 그 정도로 괜찮겠지요. 하지만 치료가 필요한 상황에서도 감정에서 아픔만 지워버리면 돌이킬 수 없게 됩니다.

하지만 심리 요법으로 지워버리면 안 될 아픔이 있습니다.

저는 45세에 뇌종양을 발견했습니다. 입원을 해서 뇌 절개 수술을 받고, 퇴원 후에도 방사선 치료와 항암 치료를 이어갔습니다.

다행히도 크게 부작용 없이 치료가 순조롭게 진행되었습니다. 그래도 6주 연속으로 주 5일간 방사선 치료를 받으며 통원하다 보니 심신이 함께 지쳐갔습니다. 그럴 때 심리 요법 전문가인 친구에게 이런 조언을 들었습니다.

"신체가 받은 충격을 마음가짐으로 어떻게든 해결하려고 들면 안 돼. 신체가 받은 충격은 제대로 치료를 해서 회복해야 해."

그 친구도 그 전해에 암에 걸려 수술을 받았습니다.

저에게 이 조언은 실로 적절한 것이었습니다. 왜냐하면 우리는 카운슬링 수단으로 사용하는 심리 요법을 알고 있기 때문에, 무심코 그것을 자신에게 행해서 편해지려고 합니다.

하지만 뇌 절개 수술을 한 저에게 필요한 것은 심리 요법이 아니라 충분한 영양과 수면 등 신체적 회복입니다.

여러분의 주변에도 비슷한 사람이 있지 않나요? 사실 신체적 휴양이 필요한데도 마음가짐으로 어떻게든 극복하려는 사람이 있습니다.

여러분은 자기 몸에 뭔가 힘든 일이 생겼을 때 무리해서 어떻게든 좋은 면을 발견하여 '이걸로 좋았던 거야.'라고 스스로 납득하려 들지 않습니까?

그렇게 만사를 반사적으로 긍정적으로 받아들이는 버릇을 들인 사람은 위험합니다.

'싫다'는 것도 고통의 한 종류입니다.

고통을 느끼는 사건이 발생했는데 '이로써 좋았던 거야.', '이 편이 나았어.'라고 스스로 강요하여 고통을 지우려는 시도는 심리 요법의 하나입니다. 바람직한 일은 아닙니다.

고통은 '이대로 방치하면 위험해져요.'라는 신호입니다.

'아픈 것은 날아간다.'고 말하고 방치해서는 안 됩니다. 치료라는 행위가 필요합니다.

매일같이 만원 전철로 통근하는 게 싫다면, 만원 전철에 타지 않을 수 있는 행동을 해야 합니다.

'만원 전철에 타면 매일 여성과 밀착할 수 있어서 좋아.'라는 식으로 무리해서 납득하려 하다 보면 언제까지나 만원 전철에서 벗어날 수 없습니다.

아르바이트 업무가 계속 서 있어야 해서 괴롭다면, 어떻게 해야 그 일을 하지 않을 수 있을지 생각해서 실천해야 합니다. 그렇지 않으면 계속 서서 근무하게 됩니다.

'서서 근무하는 김에 발돋움 운동을 할 수 있으니까 다리가 가늘어져서 좋아.'라고 납득해서는 안 됩니다.

일이 버거워서 지쳐 있다면 하루쯤 충분히 수면을 취하는 날이 필요합니다. '이런 불황에 일이 있는 것만으로도 행복해.'라고 스스로 되뇌면서 과로사할 때까지 쉬지 않고 일해서는 안 됩니다.

마음가짐으로 해결되는 문제와 행동하지 않으면 해결되지 않는 문제를 제대로 구분하여 생각하는 일은 매우 중요합니다.

# 당신은 행복하기 위해서 태어났어요

여러분은 성공하기 위해 태어났습니다. 하지만 지금은 아직 그 과정일지도 모릅니다. 그러니

더 자유로운 시간을 갖고 싶어.

더 많은 돈을 갖고 싶어.

더 많은 곳을 여행하고 싶어.

더 멋진 동반자를 원해.

더 나은 인간관계를 만들고 싶어.

더 날씬한 몸이 되고 싶어.

더, 더…… 여러분은 열심히 노력하는 사람이니까 이런 소망을 손에 넣기 위해 무심코 노력합니다.

그래도 성공이 쉽사리 손에 들어오지 않으니 자신을 탓합니다.

그리고 더욱 힘내야 한다고 생각합니다.

덕분에 더 괴로워집니다.

그야말로 무간지옥의 악순환이지요. 그리고 주눅이 들거나 토라지고 짜증을 냅니다.

당신에게는 정말 좋아하는 할머니가 있었나요?

할머니의 유언은 무엇이었습니까?

실제로 할머니와 추억이 있는 사람도, 없는 사람도, 할머니의 유언을 들었던 사람도, 아직 할머니가 건강하게 살아계신 사람도 잠깐 생각해보세요.

할머니가 여러분에게 남긴 유언은 무엇입니까?

혹은 남겨준다면 뭐라고 하실 거라 생각합니까?

제 할머니는 저에게 유언을 남겨주지 않았지만, 저는 할머니의 유언이 무엇인지 알 수 있습니다. 당신의 할머니가 남긴 유언도 알 수 있습니다. 그것은

"네가 행복해지는 것을 최선을 다해 열심히 하여라."

일 겁니다. 할머니는 손자인 여러분이 귀여워서 어쩔 줄 몰랐을 것입니다. 그러니 여러분의 행복을 마음속 깊은 곳에서부터 바라고 있었을 것입니다.

아무쪼록 열심히 행복해질 수 있도록 애쓰십시오.

우리 손녀,
행복해져야지~
용돈 주시면
행복해질
거예요!
으잉~
어린
애가
벌써부터
~

애쓴 결과 '괴롭게' 느껴진다면 애쓰지 않아도 좋습니다.

애쓰지 않은 결과 행복한 인생이 손에 들어오지 않았다면 조금 애써보면 됩니다.

여러분이 행복하다고 느낀다면 할머니는 기쁩니다.

일에 몰두해서 부자가 되어도 좋고, 멋진 가정을 구축하기 위해 일을 그만두고 가사와 육아에 전념해도 좋습니다.

뭔가 일 하나를 파고들어서 전문가가 되어도 좋고, 되지 않아도 좋습니다.

다만,

'여러분이 행복하다면.'

자신이 행복할 수 있도록 행동에 나서 봅시다.

정말 좋아하는 할머니의 유언이니까요.

## 좋은 기분을 만들기 위한 체크 포인트

1. 사람은 자신이 초점을 맞춘 분야에서는 전문가가 될 수밖에 없다.
2. 100% 긍정적인 말 씀씀이를 갖추면 주변에 사람이 모인다.
3. 뇌의 세 가지 버릇을 이용하면 고민거리를 간단하게 잊을 수 있다.
4. 어쩔 수 없는 일에는 집착하지 않는다. 다만 컨트롤할 수 있는 일은 포기하지 않는다.
5. 자신을 '다이아몬드'라고 연상하면 삶이 점점 재미있어진다.
6. 부정적인 셀프 이미지를 가진 채 행동하면 결과에 그대로 반영된다.

# 3장

# 날마다 행복하기로 마음먹으세요

# 미움받지 않으려고만 하면 되는 일이 없어요

미움받는 것이 두려워서 하고 싶은 말이나 일을 참은 적이 있지 않습니까?

이때 두려운 이유는 '경험 양이 적기' 때문입니다. 하고 싶은 말을 해서 '싸움이 나면 어쩌지?' 혹은 '자기중심적이네.', '제멋대로야.', '염치도 없어.'라는 낙인이 붙을 것 같은 부정적인 예감이 올라오기 때문입니다.

자, 어째서 그런 예감이 발생하는 것일까요? 초등학생일 때 자기 멋대로 행동하는 급우가 미움을 받거나 선생님한테 혼나는 모습을 본 기억이 우리에게 있기 때문입니다.

이러한 부정적인 기억이 공포나 불안의 정체입니다.

그렇다면 대인 관계의 공포나 불안을 없애기 위해서는 어떻게 해야 할까요? 이런 부정적인 기억을 다시 쓰면 됩니다. 즉 하고 싶은 말을 하고 행동해도 '미움받지 않는다.'는 경험을 쌓으면 됩니다.

하고 싶은 말을 하지 못하고, 하고 싶은 행동을 하지 못하면 부정적인 기억은 언제까지나 시간이 지나도 그대로입니다. 그러니 계속 두려운 채로 살게 됩니다.

일반적으로 '영업을 하면 상대방이 부담스러워한다.'는 이미지가 있지요. 그렇다면 감자튀김과 생명보험 판매를 비교해봅시다.

햄버거 가게에서 햄버거를 주문했을 때, 계산대 직원이 "세트로 감자튀김은 어떠세요?"라고 제안한 적이 있지 않으십니까?

이럴 때 여러분이 "괜찮아요."라고 대답하면 직원이 "기껏 권한 감자튀김을 거절하다니 분명 내가 싫은 거야. 아아, 원하지도 않는 감자튀김을 권해버리다니 정말 제멋대로인 사람이라고 생각할 게 틀림없어."라고 울면서 쓰러졌나요? 울지 않았을 것입니다.

그러면 생명보험을 권유하는 직원은 어떻습니까? 저도 예전에는 생명보험 판매 사원으로 10년간 근무했으므로 잘 알고 있습니다. 생명보험 설계를 제안하고 나서 거절당하면 그야말로 인격을 부정당한 것처럼 침울해지는 사람이 있습니다.

감자튀김과 생명보험은 무엇이 다른 걸까요?

상품의 차이일까요? 먹는 음식이라면 사주지 않더라도 울고 싶지 않은 걸까요? 그렇지 않겠지요.

금액의 차이일까요? 고액인 물건일수록 사주지 않으면 울고 싶어지는 걸까요? 생명보험 중에도 비교적 저가인 암보험 등이 있지만, 암보험에 가입해주지 않더라도 풀이 죽는 사람은 있습니다.

그러면 대체 무엇이 다른 걸까요?

대답은 행동 양입니다.

햄버거 가게 직원은 방문하는 고객 전원에게 "세트로 감자튀김은 어떠세요?"라고 물어보기 때문에, 하루에도 그야말로 수백 명에게 말을 겁니다. 그러니 그 사이에 알게 됩니다. "감자튀김을 거절하는 손님은 감자튀김이 필요 없을 뿐이지 나를 싫어하는 게 아니다."라는 점을 말입니다.

반면에 생명보험 판매 직원은 이거다 싶은 사람에게 시간을 들여서 이런저런 대화를 나누고, 제안을 할 만한 사람에게 말을 거니까 그 수가 매우 적습니다. 그래서 거절당하면 전력을 다한 제안과 함께 자신까지 부정당했다고 느끼게 됩니다.

감자튀김을 팔 때는 한 사람이 사줄 때까지 수십 명에게 상시로 말을 겁니다. 그러니 하나하나 거절당할 때마다 인격을 부정당했다고 느낀다면 그야말로 몸이 버티지 못합니다.

그러니 구입해주지 않더라도 나를 부정한 것이 아니라 단순히

'지금 이 고객은 감자튀김을 먹고 싶은 기분이 아니었을 뿐이다.'라고 이해할 수 있습니다.

생명보험 판매 직원도 마찬가지로 매일 수십 명에게 말을 걸고 있다면 거절당할 때마다 주눅 들 일이 없습니다. 실제로 톱클래스 판매 직원은 매월 정말 많은 제안을 합니다. 그리고 '영업이란 희망 고객을 없애는 작업이다.'라고 생각합니다. 희망 고객이 생기면 되도록 빨리 그 사람을 찾아가서 빠르게 거절당하고 옵니다.

서툰 판매 사원은 '또 거절당하는 것이 무섭다.'는 생각에 희망 고객을 몇 개월간 끌면서 언제까지나 '희망 고객'으로 남겨두려고 합니다.

미움받는 것이 무서운 상태로 있다 보면 "사주세요."라고 말하는 횟수가 줄어듭니다. 하지만 사실은 무섭기 때문에 횟수가 적은 것이 아니라, 횟수가 적어서 무서운 것입니다.

누군가에게 뭔가를 부탁하거나 식사에 초대하고 싶은데 거절당할까봐 무섭다면 말을 꺼낼 수 없습니다.

또는 반대로 잔업을 거절하거나 관계를 거절하면 미움받을 거라고 생각해서 참고 승낙해버립니다. 이는 거절당하는 것이나 거절하는 것에 너무나 익숙하지 않은 것입니다.

더 많이 거절당하거나 거절해도 좋습니다. 그런 경험이 늘어나면 그건 내가 싫어서가 아니라 그 일이 싫은 것뿐이라는 점을 알 수 있습니다.

미움받지 않는다는 점을 알게 되면 하고 싶은 말이나 일을 할 수 있습니다.

# 사랑받고 싶어 해야 일이 잘 풀려요

사실 데이트 약속이 있는데 잔업을 부탁받았을 때, 거절하면 상사에게 미움받을지도 모른다고 생각해서 무심코 받아들입니다.

한편 약속을 취소하면 연인에게 미움받을지도 모른다고 생각해서 급하게 일을 처리합니다. 그래도 역시 약간 지각해버려서 연인에게 혼이 납니다.

급하게 처리한 일에서는 바보 같은 실수가 드러나서 상사에게 "너는 이런 일도 제대로 하지 못하는 건가?"라고 질책받아 신뢰를 잃습니다. 자기 자신도 '나는 뭘 해도 안 되네.' 하고 자기혐오에 빠져버립니다.

이렇듯 '미움받고 싶지 않아.'라고 생각하며 행동하면 제대로 되는 일이 없습니다.

자, 어떻게 생각하며 행동하면 좋을까요?

'모두에게 사랑받고 싶어!'라고 생각하며 행동하면 됩니다.

뭐라고요? 별로 다른 것 같지 않다고요?

그러나 이는 사실 매우 다른 생각입니다.

'미움받지 않으려면 어떻게 해야 좋을까?'에서

'어떻게 하면 모두에게 사랑받을까?'로의 변환입니다.

예를 들어 특별히 예정이 없는 날은 퇴근 전에 상사에게 "뭔가 도와드릴까요?"라고 한마디 말을 겁니다. 그리고 한가한 날에 잔업을 합니다. 그러면 회사에 따라서는 야근 수당이 들어옵니다.

그렇게 조금씩 잔업을 하다 보면, 잔업하고 싶지 않은 날에 상사가 일을 부탁하더라도 "죄송합니다. 오늘은 약속이 있어서 무리입니다."라고 말하기가 쉬워집니다. 상사도 언제나 이 직원에게만 잔업을 부탁해서 미안하다고 생각하며 다른 사람에게 부탁합니다.

보세요, 좋은 일만 있지요?

미움받지 않도록 행동하는 것은 마이너스가 되지 않도록 한다는 뜻입니다.

즉 상대의 언동에 대하여 이쪽이 수동적으로 반응하는 행동이지요. 그래서 타인에게 휘둘리고 맙니다. 미움받지 않도록 자기 마음을 억누르고 행동하는 것이니 괴롭거나 짜증스러울 것입니다.

사랑받으려고 하는 것은 플러스가 되려고 한다는 뜻입니다. 이쪽에서 먼저 상대방에게 말을 거는 능동적인 행동입니다. 자신이 할 수 있는 일을 해서 상대방을 기쁘게 만들고 싶다고 생각하며 행동하므로 스스로 움직이는 습관이 붙습니다.

마이너스가 되지 않기 위한 행동과 플러스가 되기 위한 행동은 자기 자신이 움직일 때의 기분만 살펴봐도 다르다는 점을 알 수 있습니다.

이 부분을 통달했다면 다음은 '모두에게 사랑받고 싶어.'에서 '모두'의 범위를 넓혀서 실천하도록 합니다.

누구에게나 좋은 얼굴을 하는 '팔방미인'이 아니라 '십육방 절세미인'을 목표로 합시다. 평소에 쉽게 기뻐하지 않는 사람까지 즐겁게 만들 대상으로 삼는 것입니다.

예를 들어 길거리에서 휴지나 전단지를 나눠주는 사람에게 "고생하십니다."라고 말을 걸어보는 것은 어떻습니까?

이쪽에서는 시간도 돈도 들이지 않고 할 수 있는 행동입니다. 하지만 들은 상대방은 얼마나 마음이 가벼워질까요? 몇 시간이고 수백, 수천 명의 사람들에게 싫은 얼굴을 당하는 와중에 단 한마디 "수고하십니다."라는 말을 듣기만 해도 더운 여름날에 한순간 스콜이 온 것처럼 메말랐던 마음이 윤택해질지도 모릅니다.

또는 버스나 택시를 이용할 때 운전수에게 "감사합니다."라고 말하면서 내립니다. 버스나 택시 운전수에게도 사랑받으려고 해보는 것입니다.

이외에도 레스토랑에 가면 종업원에게, 호텔에 묵으면 프론트나 룸서비스를 하는 직원에게, 여행지에서는 지나치는 사람 모두에게 사랑받으려면 어떻게 하는 것이 좋을지 생각하며 실천해봅시다.

종업원에게는 이름을 물어봐서 이름으로 부른다.

룸서비스 직원에게는 호텔에 비치된 종이라도 상관없으니 감사 인사를 한마디 적어둔다.

여행지에서 스쳐 지나가는 사람에게는 이쪽이 먼저 웃는 얼굴로 "안녕하세요?"라고 인사한다.

이렇게 간단한 일을 실천하기만 해도 거의 누구에게서든 사랑받게 됩니다. 게다가 한 푼도 돈이 들지 않는 일입니다.

이런 식으로 계속 '사람에게 사랑받는 범위'를 넓혀 가면, 신기하게도 여러분에게 자연스럽게 '사랑받는 사람의 분위기'가 형성됩니다. 그러면 이제 이쪽이 원하는 대로 굴러가게 됩니다.

누구에게나 사랑받는 사람을 싫어하면, 그 사람을 좋아하는 사람 전원을 적으로 돌리게 됩니다. 이는 상당한 각오와 용기가 필요한 일입니다.

그러니 이제 여러분에게는 미움받을 걱정이 사라집니다.

어떻게 하면 미움받지 않을지를 생각해서 행동하는 것이 아니라, 사랑받기 위해서는 어떤 행동을 하면 좋을지 생각하여 실천합시다. 이로써 마음먹은 범위에 들어 있는 모든 사람이 집단으로 당신의 아군이 되어줄 것입니다.

과도한 애교는 금물

# 남에게 인정을 갈구하며 살지 마세요

"엄마 이것 봐. 엄마 이것 봐."라고 끊임없이 소리치는 서너 살 아이를 가끔 봅니다. 아이는 엄마가 인정해주길 바라며 어쩔 줄 몰라합니다.

인정 욕구를 충족하기 위해 "나를 봐! 나를 봐!"라고 말하는 아이라면 그래도 귀엽습니다. 하지만 어른이 되면 다음과 같은 느낌이 되어버립니다.

회사의 신입 사원 환영회에서 얼근히 취기가 돈 중년의 과장이 새롭게 입사한 젊은 여성 사원에게

"나 몇 살로 보여?"

신입 여성 사원에게는 과장이 몇 살인가 따위는 아무래도 상관없습니다.

흥미도 없습니다. 그래서

"잘 모르겠어요."

하고 대답합니다. 그러면

"아니, 그러니까. 괜찮으니까 말해봐. 나 몇 살로 보여?"

하고 끈질기게 캐묻습니다.

과장은 왜 모르는 걸까요? 신입 사원은 정말로 모르는 게 아니라 솔직히

'으…… 알고 싶지도 않아.'

라는 마음이지만, 그러면 기껏 열린 신입 사원 환영회에 찬물을 끼얹게 되니까 일부러 마음을 써서

"에~ 모르겠어요."

라고 대답하는 것입니다. 그런 것도 깨닫지 못하고

"오늘은 계급장 떼고 노는 자리니까 신경 쓰지 말고, 생각하는 나이 말해도 돼."

라는 식으로 취한 기세를 틈타 다른 사람에게 젊게 보이는지 자꾸 확인하며 인정받고 싶은 이런 과장의 모습을 떠올려보면 잘 알 수 있지요.

여러분도 타인으로부터의 평가가 신경 쓰일 때는 이런 과장과 같을지도 모릅니다. 늙어 보이더라도 그것이 관록으로 보이는 사람도 있습니다. 젊어 보이더라도 그것이 미덥지 못한 사람이라고

받아들여지는 사람도 있습니다.

타인이 자신을 어떻게 보는지, 어떻게 생각하는지는 아무래도 좋습니다.

타인에게 인정받고 싶다는 동기로 힘을 내는 것이 반드시 나쁘다고는 할 수 없습니다. 하지만 '타인으로부터의 평가'를 자기 행동의 기준으로 삼다 보면 언젠가 곤란한 사태를 맞을 수 있습니다.

제일 큰 문제점은 누군가가 여러분의 인생을 평가할 가치가 있다고 인식한다 하더라도, 여러분 스스로 누군가가 여러분을 평가할 가치가 있다고 인정할 필요는 없는 것입니다.

여러분의 인생은 스스로 행복하다고 느낀다면 그걸로 좋습니다. 만일 스스로 행복을 느끼지 못한다면, 타인이 매우 좋은 평가를 한다 해도 좋지 않은 인생입니다.

누군가에게 평가를 받음으로써 여러분이 매우 행복해진다면 그래도 좋겠지요. 하지만 그렇다면 언제나 자신을 평가해주는 사람을 찾아다녀야만 합니다. 꽤나 귀찮은 일입니다.

타이거 우즈는 이런 말을 했습니다.

"타인의 기대에 귀를 기울이지 않아야 한다. 당신은 당신 자신의 인생을 살고, 자기 자신의 기대에 응해야 한다."

여러분의 인생을 느끼는 것은 여러분 자신입니다. 타인이 어떻게 생각하는지를 신경 쓰기보다 자기 자신의 행복을 파고들어 봅시다.

그리고 행복해질 수 있도록 자기 자신에게 기대를 하며 행동합시다. 본인의 행동이 자신의 기대에 부응하고 있다면, 타인의 평가는 전혀 신경 쓰이지 않습니다.

이것이야말로 여러분의 인생입니다.

여러분은 누구의 인생을 살고 있습니까?

이젠 내 인생을 살 거야!

# 남이 아닌 내 과거와 비교해야
# 기분 좋게 살아요

"어릴 적부터 자주 여동생과 비교당하며 자랐습니다. 여동생은 우수해서, 저는 열등감 덩어리가 되어버렸습니다."

안타깝게도 이런 이야기를 하는 사람을 지금까지 많이 만났습니다.

열등감이나 콤플렉스는 좋지 않습니다. 이런 것을 소중히 간직하고 있는 이들은 쉽사리 행동하지 못하는 체질이 되었습니다.

성공한 사람을 보면 저 사람은 할 수 있어도 나는 못할 것 같다. 나에게는 불가능하다. 나는 무리다. 나 같은 건 어차피…….

그러는 사이에 앵돌아져서 비뚤어집니다. 이것도 저것도 전부 부모님이나 교사가 자신을 타인과 비교하면서 가르쳤기 때문에 이렇게 된 거라고, 남 탓으로 돌려버립니다.

"형은 제대로 살아가는데, 나는……."

"누구 누구는 제대로 하고 있는데, 나는……."

"이웃은 좋겠네. 그런데 우리 집은……."

이런 식으로 사람은 금방 누군가와 자신을 비교해버립니다. 하지만 비교하는 대상을 '타인'으로 삼고 있는 한, 기분이 좋아질 일은 없습니다.

예전에 펩시콜라가 코카콜라와 비교한 광고를 선보였던 것을 기억하십니까? 기분이 좋은 광고는 아니었지요.

그보다는 이쪽이 훨씬 낫습니다. 이런 캠페인을 떠올려보세요.

'현재 20% 생산량 상승(당사 비교)'

괄호 안의 '당사 비교'가 중요한 요소입니다. 비교하는 대상은 언제나 어제까지의 나, 지금까지의 나입니다. 대단한 사람과 비교해버리면 나는 글러먹은 사람이 됩니다. 반대로 보잘것없는 사람과 비교해서 안심해버려면 성장이 없습니다.

하지만 어제까지의 나와 비교해서 매일 그것을 조금이라도 좇다 보면, 오늘 반드시 성장할 수 있습니다.

오늘은 어제보다 좋아졌다는 생각이 쌓이다 보면 열등감도 차차 사라져서 없어집니다. 1밀리미터라도 어제보다 발전했다면 결승점에 도착하는 것은 시간문제일 뿐이니 괜찮다고 생각합니다.

'10% 증량!'(당사 비교)

'애정을 두 배 더 많이 담았습니다.'(당사 비교)

'웃는 시간 30% 증가'(당사 비교)

'일 마무리 시간 15% 가속 중'(당사 비교)

자, 여러분은 어제까지의 자신보다 무엇을 증량하셨나요?

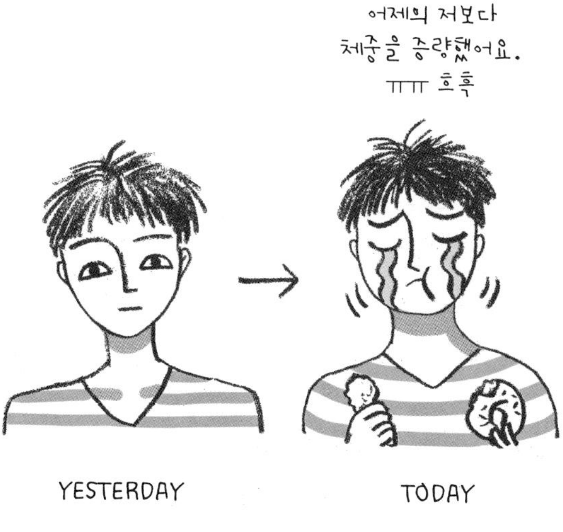

# 인생의 기준은 마음대로 정해도 돼요

처음으로 '반올림', 즉 사사오입을 배웠을 때 매우 신기하다고 생각했습니다.

1, 2, 3, 4는 하위 동료고 5 이상이 상위 동료지요. 제 생각으로는 1~5까지가 동료고, 6 이상이 동료인 느낌이었습니다. 아이들도 만 5살까지는 유치원 친구고, 만 6세부터 초등학교 친구이지 않습니까?

그런데 사사오입을 하면 5는 상위 동료가 되지요. 대체 누가 결정한 걸까요? '사사오입으로 하자!'라고 말입니다.

그런가! 멋대로 말해버려도 되는구나!

그렇다면 기왕 그럴 거 지금부터는 내 입맛에 맞도록 '○사○입' 해봅시다.

연봉을 2사3입 정도로 하면, 연수입 300만 엔도, 연수입 1,000만 엔도 동료가 됩니다.

남자 친구나 여자 친구의 숫자는 5사6입. 오! 다섯 다리까지 걸칠 수 있어?!

맥주를 마신 잔의 숫자는 6사7입. 아직 많이 마실 수 있지요.

무엇보다 1의 단위만 사사오입해야 하는 것도 아닙니다. 나이에서는 10단위를 사사오입해봅시다.

보세요, 아직도 새파랗게 젊습니다. 50세가 넘으면 5사6입을 하면 됩니다.

'그렇게 말해봤자 어차피 실제와는 다르잖아.'라고 생각할지도 모르지만, '실제'란 게 얼마만큼 중요한 걸까요?

연배가 있는 분의 이야기를 들으면 종종,

"그 사람은 기운이 젊으니까."

"배우자가 먼저 세상을 떠나고 나서, 기력이 다해서 한순간에 늙어버렸어."

라는 말이 나옵니다.

그렇습니다. '기'가 젊으면 신체도 젊게 보이는 것입니다. 반대로 '기'가 죽으면 한순간에 늙어버립니다.

기분 문제는 정말 중요합니다. '병은 마음에서'라고도 하지요. 그러니 '기'만이라도 좋은 상태로 유지할 수 있도록 '멋대로 사사오입'하는 것입니다.

그렇게 하면 '실제'가 뒤늦게 따라옵니다.

멋대로 사사오입.

입맛대로 5사6입.

자기 마음대로 2사3입.

이런 식으로 살면 인생이 즐거워집니다.

친구 중에 35세 여성이 있습니다. 그녀는 자신을 '아라사(Around thirty의 줄임말로 서른 살 즈음의 여성을 뜻하는 일본의 유행어-옮긴이)'라고 일컫고 있지만, 사사오입의 원리로 엄밀하게 따지자면 35세는 '아라포(Around forty, 즉 마흔 살 즈음의 여성-옮긴이)'입니다.

하지만 스스로 아라포라고 생각하면 늙어버립니다. 멋대로 아라사라고 생각하고 있기 때문에 28살짜리 여자 친구와도 '동세대로서' 신나게 여자만의 모임에 참여할 수 있습니다.

자신이 이미 아라포라고 생각해버리면 '신나는 여자 모임'이 아니라 '차분한 부인 모임'에 나가야 할 것 같은 기분이 될지도 모릅니다.

아라포라고 생각하면 입을 수 없는 무늬의 옷도 아라사라고 생각하면 입을 수 있습니다.

반대로 아라사라고 생각하면 들어갈 수 없는 분위기인 가게에 아라포라고 생각하면 들어갈 수 있습니다.

이런 식으로 그때그때 입맛에 맞춰서 사사오입을 변형하여 활용하면 '기분'이 바뀝니다. 그리고 인생 전반에 걸쳐 적절하게 활용하면 언제나 즐거운 기분을 유지할 수 있습니다.

# 좋아하는 일이라면
# 고집부려도 괜찮아요

여러분은 초등학교 때 '남에게 폐를 끼치면 안 됩니다, 떼를 쓰면 안 됩니다.'라고 배웠습니까?

타인에게 폐를 끼치거나 떼를 쓰면 부모님이나 선생님으로부터 주의를 받습니다. 그뿐만 아니라 아이들끼리도 서로 주의를 줍니다. "떼를 쓰면 미움받아.", "칭얼거리면 친구가 없어져."라는 식이지요.

이러한 유소년기의 각인 때문에 남에게 폐를 끼치지 못하는 사람, 떼를 쓰지 못하는 사람이 많습니다.

일본인들의 입버릇은 "괜찮아."입니다. 뭔가를 권유받았을 때 언제나 괜찮다고 대답합니다.

"하나 드시겠어요?"

"괜찮아요."

"앉으시겠어요?"

"괜찮습니다."

"물 마실래?"

"괜찮아."

타인에게서 뭔가를 받는 것은 폐를 끼치는 행동이라고 생각하는 것입니다. 그러니 대답은 언제나 "괜찮아."입니다.

항상 괜찮다고 말하는 '괜찮아 씨'는 착하게 행동함으로써 인정받으려 합니다. '나는 떼쓰지 않잖아.' 혹은 '남에게 폐를 끼치고 있지 않다고.'라는 식입니다. 결국 이 또한 타인에게 인정받고 싶기 때문에 나오는 모습입니다.

인간관계가 괴롭다고 느끼는 사람은 주로 이 '괜찮아, 괜찮아.'라는 식의 좋은 사람인 경우가 많습니다.

어린 시절부터 '남에게 폐를 끼치면 안 돼. 떼를 쓰면 안 돼. 남하고 싸우면 안 돼.'라는 가르침을 받아서 제대로 그에 따라 살아온 사람들입니다.

사실 조금 더 떼를 써보고 싶은 순간도 있었을 것입니다. 하지만 인간관계를 망치지 않기 위해 참고 노력해서 자신을 억누르며 삽니다.

누구와도 부딪치지 않도록 참아서 착한 아이로 지내면 칭찬을 받는다. 칭찬을 받으면 인정받은 느낌이라 기쁘다. 그래서 더욱 참으며 착한 아이로 머무른다. 부탁을 받으면 되도록 승낙한다. 싫은 얼굴은 하지 않는다.

그런 결과 인간관계는 망가지지 않지만, 싫은 기분이 자기 속에 쌓여서 본인의 마음은 괴롭습니다. 아니, 괴로울 뿐만 아니라 더 나아가 '우울'이나 '공황 장애' 등의 증상이 기다리기도 합니다.

떼를 쓰거나 남에게 폐를 끼치는 언동을 하는 것은 그렇게 나쁜 일일까요? 그렇게 하면 사람들에게 인정받지 못하는 걸까요?

과거의 위인들은 어땠을까요?

"모두가 싸움을 그만둘 때까지 밥을 먹지 않겠다."
"그런 말씀하지 말고 좀 드세요."
"아니, 아무것도 먹지 않겠어."
"몸에 해로우니까, 이제 나이도 많으시니, 뭐든 좀 드세요."
"싫다. 절대로 먹지 않겠어!! 먹기를 바란다면 싸움을 그만둬!"
- 마하트마 간디

슈퍼컴퓨터가 가정용 컴퓨터보다 성능이 떨어지던 시절.
"달에 가고 싶어!"

"아, 그러니까, 지구도 달도 공전하고 있으니까 지구에서 달을 향해서 곧장 날아가도 몇 십만 킬로미터를 날아가는 사이에 달이 이동해버려서 도착할 수 없어요."

"그런 건 몰라. 달에 간다!"

"저기, 무중력 공간에서 어떻게 화장실에 가나요?"

"됐으니까, 달에 가고 싶다고. 10년 이내에 간다고 지금 결정했어!"

- J. F. 케네디

귤 상자 위에서

"우리 회사는 세계 최고를 노린다. 그래서 직접 만든 엔진으로 F1에 나갈 거야!!"

- 혼다 이치로

다들 부모님으로부터 "떼를 쓰면 안 돼요."라는 가르침을 받은 적이 없나 봅니다.

위 세 사람의 공통점은 누군가에게 칭찬받고 싶어서, 인정받고 싶어서 행동한 것이 아니라는 것입니다.

이 사람들은 '떼를 쓰는' 것이 아니라 '자유로운' 것입니다.

자신이 하고 싶은 것을 해나가는 게 좋다고 믿고서, 최선을 다해 마음속에 그린 대로 행동하는 것입니다. 스스로 좋다고 생각하니까 자유롭습니다.

'이런 일은 하고 싶지 않은데 말이지.'라고 생각하면서도 칭찬받고 싶어서 고분고분하게 움직이는 사람에게는 자유가 없습니다. 사실 하고 싶은 일이 있지만 폐를 끼치면 안 되니까 그만두자고 생각하는 사람에게도 자유가 없지요.

하고 싶은 일을 누구에게도 사양하지 않고 하는 사이에 '아아! 이거다.'라고 스스로 믿을 수 있는 일을 찾습니다.

계속 이걸 해나가고 싶다, 이것과 연관되고 싶다고 생각하는 일을 찾으면 좀 더 힘을 내봅시다. 이는 결코 떼를 쓰면서 멋대로 행동하자는 뜻이 아닙니다. 무리해서 건강을 해칠 때까지 일하자는 말도 아닙니다. 느긋하든 맹렬하든 어떤 속도든 상관없습니다.

자신의 고집을 조금 더 관철해보면 의외로 그 앞에는 멋진 자유가 기다리고 있습니다.

자신이 생각하는 대로 자유롭게 삽시다. 여러분이 자신을 탓하는 일 없이 본인이 좋다고 생각하고 행복하게 느끼는 일을 지향한다. 그것이 여러분이 태어난 사명이니까요.

올 테면 와봐라!
좋아! 다음 목적지는 화성이다!

# '신이 말하는 대로' 사세요

우주에는 분명 신이 있다고 생각합니다. 저는 그렇게 생각합니다. 그리고 신이 이 세계를 훨씬 좋게 만들려고 우주 위에서 내려다보고 있다고 봅니다.

그러나 세상을 지금보다 좋게 만들 묘안이 떠오르더라도 신은 스스로 실행할 수 없습니다. 그래서 실행할 수 있을 법한 사람 몇 명에게 묘안이 떠오르게 합니다.

그런 다음에 상황을 지켜봅니다. 그리고 실제로 묘안을 실행한 사람이 장래성이 있다고 생각되면 세상을 좋게 할 묘안을 더 불어넣어 줍니다. 그러니 한 번 성공한 사람은 척척 순조롭게 일이 풀리고 운도 따라주어 정상에 올라갑니다.

자, 여러분.

'하고 싶은 일이 있다.', '이거 재미있어 보여.', '해보고 싶다.'고 머리에 스쳐 지나간 발상은 사실 여러분의 생각이 아닙니다. 그것은 신의 생각입니다.

하고 싶은 일을 실행하지 않았다면, 신은 여러분에게 장래성이 없다고 생각해서 다음 묘안을 불어넣어 주지 않습니다.

'신의 시나리오는 언제나 해피엔딩!'

그렇게 믿고서 제대로 신이 말하는 대로 실천하면 행복해집니다. 여기서 '신이 말하는 대로'란 '여러분이 하고 싶다고 생각한 대로'라는 뜻입니다.

물론 여기에는 긍정적인 생각도, 부정적인 생각도 포함되어 있습니다. 하고 싶다고 생각한 것은 하면 되고, 싫다고 느껴지는 사람과는 무리해서 사귀지 않아도 됩니다. 말하고 싶은 것은 말해버려도 됩니다.

어린 시절에 뭘 선택할지 고민이 되면

'어느 것을 고를까요? 하나님께 물어봅시다.'

라는 노래를 불렀지요. 이것이 정답입니다.

'어느 것을 고를까요? 손익을 따져봅시다.'

이러면 성공할 것 같지 않습니다.

'어느 것을 고를까요? 내가 할 수 있을 법한 것만 골라봅시다.'

그런데 할 수 있는 것만 하면 성장하지 못할 것 같습니다.

'어느 것을 고를까요? 부모님이나 선생님이 제안하는 대로 해봅시다.'

이 또한 여러분의 인생이 아닌 것 같습니다.

'얼마나 쉴까요? 회사 상사가 말하는 대로 해봅시다.'

이러면 노예의 인생입니다.

어느 걸로 할까?

무엇이 될까?

누구와 함께 지낼까?

어디에 갈까?

여러분이 하고 싶다고 떠올린 생각은 신의 묘안입니다. 신이 말하는 대로 하면 행복해집니다. 여러분은 과거에 뭔가 해보고 싶다고 생각한 일이 있습니까?

그것은 신의 묘책입니다. 그러므로 지금부터라도 해버리면 좋습니다.

그것을 실행하면 신이 훨씬 좋은 묘안을 불어넣어 줄 것입니다.

새벽엔 신의 묘안이
많이 떠오르지요~
와 이건
대박이야!

# 굉장한 일은 간단하게 일어날 수 있어요

스스로 힘든 상황을 개척하여 자기 인생의 정점까지 끌어올린다. 확실히 멋진 일입니다. 하지만 혼자 아등바등하기보다는 자기보다 높은 위치에 있는 사람이 이끌어주어서 극복되는 편이 더 빠르고 간편합니다.

어차피 좋아질 형편이라면 일부러 고생을 하지 않고 간단히 해결되는 편이 좋지요? 그렇지 않으면 고생을 하고 싶습니까? 저라면 고생해서 시간을 들이느니 간단하고 빠른 쪽이 좋습니다.

그렇다면 어떻게 해야 윗사람이 손을 뻗어 끌어올려 주는가? 이 부분이 중요합니다.

그렇게 되려면 우선 여러분이 높은 지위에 올라가는 데 적합하다는 평가를 다른 사람들에게서 받아야 합니다.

당연하지요. 그래서 타인으로부터 평가가 낮아지지 않도록 신경 쓰는 '착한 아이'가 우리 주변에 많습니다.

그러나 평가가 낮아지지 않는다고 할 때의 기준은 원래의 여러분입니다. 그러니 여러분이 더 높은 지위에 어울린다는 인상을 주어서 윗사람이 말을 걸 일은 없습니다.

자신보다 지위가 높은 사람이

"이번에는 저 사람을 동료로 삼고 싶네."

라고 생각하게 만들려면, 평가가 떨어지지 않기 위해서 타인의 시선에 신경 써서는 안 됩니다. 한 단계 위인 지위에 어울리는 사람이 되기 위해서는 평가를 올리는 것이 중요합니다.

저는 카운슬링을 하는 동시에 패밀리스쿨 국제 비즈니스대학교의 학장을 맡고 있습니다. 하지만 제가 이 학교를 세우지는 않았습니다. 창립한 멋진 분이 저를 높게 평가한 덕분에 학장 취임 의뢰가 온 것입니다.

이는 제가 평가가 떨어지지 않도록 착한 아이처럼 지냈기 때문이 아닙니다. 평가가 올라가는 법을 실천하고 있었기 때문입니다. 덕분에 학장에 어울린다는 평가를 받은 것입니다.

그렇다면 주변의 평가에 신경 쓰지 않으면서 자연스럽게 평가를 올리려면 어떻게 해야 할까요?

그러려면

'지갑 속에 언제나 지금보다 세 배의 금액에 해당하는 돈을 넣어두기.'

이것을 반드시 실천해보세요.

지금 지갑에 1만 엔이 들어 있는 사람은 3만 엔. 3만 엔이 들어 있는 사람은 9만 엔을 상시 소지하도록 합니다.

그리고 평소에 사용할 돈도 제대로 넣어둡니다. 이렇게 상시 넣어두는 돈에는 손을 대지 않도록 합니다.

오직 이것뿐입니다. 이것으로 타인의 평가가 정말로 올라갑니다.

이 기반에는 다음과 같은 근거가 있습니다.

여러분은 '소매치기 수업' 이야기를 알고 계십니까?

사람의 지갑을 슬쩍하는 소매치기는 인생을 걸고 도둑질을 하고 있습니다. 잡히면 형무소에 가게 되니까요. 그러니 가능한 한 일하는 횟수를 줄이고 싶습니다. 1만 엔이 들어 있는 지갑을 서른 번 훔치는 것보다 30만 엔이 들어 있는 지갑을 한 번 훔치는 편이 위험률을 30분의 1로 줄일 수 있습니다.

이런 이유로 소매치기의 제자로 들어가면, 첫 수업에서는 눈치채지 못하게 지갑을 훔치는 연습이 아니라 사람의 거동을 보고 정확하게 지갑 속의 내용물을 맞히는 연습을 시킨다고 합니다. 실력이 좋은 소매치기는 걷는 모습만 봐도 지갑 속 내용물을 바로 정확하게 파악한다고 합니다.

아니! 지갑에 얼마나 들어 있는지 들켜버리는 거야?

그렇습니다. 아는 사람은 압니다. 그러니 만일 부자가 되고 싶다면 여러분의 지갑에 지금까지 넣어 다니던 금액의 세 배를 넣어두기만 해도 좋습니다.

그렇게 하면 모르는 사이에 여러분은 지금까지보다 세 배나 부자인 듯한 자세와 걸음걸이, 언행을 하며 지내게 됩니다.

여러분이 부자의 분위기를 자아내면, 유유상종이라고 하듯이 부자인 친구가 늘어납니다. 당신에게 호감을 느끼는 여성도 생깁니다.

사람은 함께 시간을 공유하는 이들과 비슷한 사고방식, 행동을 취하게 되므로 자기도 모르는 사이에 여러분은 부자의 사고방식과 행동 지침을 익히게 되어 정말로 부자가 되어갑니다.

이 원리를 응용해봅시다.

여러분은 어떤 사람이 되고 싶습니까?

또는 타인으로부터 어떤 사람이라는 평가를 받고 싶습니까?

구체적인 목표가 있다면 그런 사람다운 물건을 지니기만 해도 여러분은 그와 같은 분위기를 자아내게 됩니다.

예컨대 실력이 좋은 요리사가 되고 싶다면 새하얀 요리사 모자를 구입해보는 것이 어떨까요?

더욱 여성스러워지고 싶다면 언제나 핸드백에 휴대용 반짇고리나 반창고를 넣어둡니다.

초식남 이미지에서 벗어나고 싶다면 지갑에 콘돔을 넣어둡니다.

언제까지나 소년인 채로 머무르고 싶다면 지갑에 꿈을 넣어둡니다.

그러면 뭔가 분위기가 바뀝니다.

마권을 넣어두면 어떤 분위기가 될 것이라 생각하십니까? 버터플라이 나이프를 들고 다닌다면서요?(체포되니까 착한 사람은 따라 해서는 안 됩니다.)

전신을 브랜드 제품으로 바꾸는 것은 힘들지만, 소지품 중 한 가지만 호화로운 것을 마련하기만 해도 풍기는 분위기가 바뀝니다.

사용하지 않지만 돈을 넣어둔다.

사용하지 않지만 도구를 넣어둔다.

그것만으로도 여러분이 자아내는 분위기가 달라집니다. 그러면 그 분위기에 맞는, 위치가 높은 사람이 말을 걸어옵니다. 그런 사람들이 이끌어준다면 훨씬 간단하고 빠르게 다음 단계로 올라갈 수 있습니다.

지금까지의 이미지를 바꿔서 다음 단계로 올라가는 과정을 거치고 싶지 않다면 소지품을 굳이 바꿀 필요는 없습니다. 하지만 은행에 맡기는 돈을 조금 더 지갑 속에 넣어두기만 해도 모르는 사이에 이미지가 올라가니, 실천하지 않으면 아까운 일입니다.

# 부족함을 덧붙이는 인생은 살지 마세요

인생은 스스로 어떻게 되고 싶은지 생각해서 만들어가지 않으면, 주변 상황에 휩쓸려서 생각지도 못한 길에 들어서기도 합니다.

휩쓸리며 살아가는 삶도 그 나름대로 행복하다면 좋습니다. 하지만 인생의 마지막이 되어서 '이럴 생각이 아니었는데…….'라고 돌이키게 된다면 매우 안타깝겠지요.

저는 45세 생일이 지나고 3일 후 뇌종양을 발견했습니다. 뇌 절개 수술을 받고 종양을 검사한 결과, 안타깝게도 악성이었습니다.

주치의로부터 "남은 시간을 선고하지 않겠지만, 3년 후를 보장할 수는 없습니다."는 말을 들었습니다. 그러고는 방사선 치료와 항암 치료를 받았는데 안타깝게도 고작 9개월 후 암이 재발했습니다.

이번에는 주치의로부터 "빠른 사람은 2년, 오래 산 사람도 11년 후에 사망했습니다."는 설명을 들었습니다.

정말 슬펐지만, 그래도 조금 침울해졌을 뿐 의외로 괴로워하는 일도 없고, 식사가 목을 넘어가지 않는 일도, 밤에 잠을 이루지 못하고 끙끙 앓으며 지새우는 일도 없었습니다.

너무나 감정이 안정되어서 오히려 어딘가 이상한 것 같아서 스스로 카운슬링을 받았습니다. 그 결과 한 가지 사실을 알았습니다.

아직 하고 싶은 일은 있지만, 지금까지 제 인생을 하고 싶은 대로 살아왔기 때문에 만족하고 있었던 것입니다. 그러니 제 인생이 생각보다 꽤나 짧을 것 같다는 선고를 선선히 받아들인 것입니다. 다만 아이의 성장을 볼 수 없는 것만큼은 안타까웠지요.

하고 싶은 일을 하고 싶은 대로 하면서 살아왔으니, 그 결과 병을 얻었더라도 그다지 후회는 없다. 그런 식으로 받아들여서 발버둥 치지 않고 넘어간 것입니다.

'아아, 그것도 해두면 좋았을걸. 거기에도 가보면 좋았을걸. 더 이렇게 했다면 좋았을걸.' 같은 생각이 제 머릿속에는 없었습니다.

악성 뇌종양에 걸린다는 것은 어느 날 갑자기 '당신의 인생은 이제 곧 끝납니다.'라는 말을 듣는 귀중한 체험이었습니다. 이는 비단 저에게 한정된 이야기가 아닙니다. 현재 일본에서는 두 사람 중한 명이 암에 걸리니까요.

저런 인생을 살고 싶다. 그런 멋진 사람이 되고 싶다. 그렇게 생각할 때 많은 사람은 '나에게 부족한 부분'을 덧붙이려고 합니다. 책이나 교재에서 성공 철학을 배우거나 경제적으로 풍족해지기 위해서 투자나 개업 세미나에 참석하고, 상냥해지기 위해서 자원봉사에 참가하기도 합니다.

그렇게 자신에게 부족한 부분을 채우면서 인생을 정리하려는 시도는 그야말로 아직 해결되지 않은 부분을 계속 덧붙여가는 점토 공예와 같습니다.

이 방법의 최대의 단점은 '끝이 없다.'는 것입니다.

이것도 저것도 덧붙이고 싶어집니다. 상처받지 않는 마음이 되려고 심리학의 갑옷을 입고, NLP(신경언어학 프로그래밍) 투구를 씁니다. 그리고 커뮤니케이션 기술이라는 방패도 듭니다. 하는 김에 사슬 옷도 안에 입고 싶습니다. 그러고는 이제 무엇을 배우면 좋을지 고민합니다.

점토 공예형 인생은 계속 덧붙이고 싶어합니다.

그러나 인생은 점토 공예처럼 만들어내는 것이 아닙니다. 그보다는 조각처럼 만들어내는 쪽이 훨씬 자기다운 인생을 살 수 있습니다. 다양한 부분을 덧붙여가는 점토 공예와 달리 조각은 깎아내는 작업입니다.

그리고 조각가가 네모난 대리석 기둥 속에서 무엇을 보는가에 따라 해야 할 일이 결정됩니다. 비너스를 본 사람이라면 대리석 안에 '이미 존재하는' 비너스를 조각합니다. 대리석 중에서 비너스가 아닌 부분을 깎아내면 됩니다. 깎아내면 이제 덧붙일 수 없습니다. 대리석이 아깝다고 해서 허리의 곡선을 넣지 않거나 팔을 굵게 만들면 비너스가 아니게 됩니다. 조각은 새롭게 덧붙이지 않고, 이미 있는 부분을 덜어내는 일입니다.

저는 제 인생이라는 대리석 안에서 '언제나 웃고 있는 인생'을 보았습니다. 그래서 어떤 때라도 웃습니다. 웃는 것 이외의 부분은 잘라냅니다.

뇌종양이 발견되어도, 악성이라는 진단을 받아도, 방사선 치료와 항암 치료를 받으면서도 언제나 최선을 다해 웃고 있습니다. 울거나 한탄하는 것은 비너스에게 굵은 팔을 주는 것이나 마찬가지니까요.

제 인생에서 웃음 빼고 불필요한 부분을 잘라내는 것뿐이지요. 그러니 이게 부족하다, 저게 부족하다며 황망해하지 않습니다.

여러분이 자신의 대리석 안에서 무엇을 보는가, 그것은 여러분하기 나름입니다. 그것이 여러분의 인생이지요. 남은 것은 여러분이 본 것 이외의 부분을 잘라내는 것뿐입니다.

자기다움은 무엇인지 결정하고, 이외의 부분은 인생에서 잘라냅시다. 여러분은 아무것도 덧붙이지 않아도 멋집니다.

지금 필요한 것은 전부 당신 안에 있으니 이제 부족한 부분을 찾는 여행은 끝내도 좋습니다.

싫은 것은 저리 가!

# 어떤 기분이 되고 싶은지 상상해 보세요

나뭇가지 하나가 강 아래쪽으로 휘휘 흘러가고 있다고 상상해 보십시오.

흘러가던 나뭇가지는 급류에 휘말리며 이렇게 무서운 경험은 하고 싶지 않았다고, 웅덩이에 박히며 이런 냄새 나는 곳에 처박히고 싶지 않았다고 말합니다. 암석에 걸리자 빨리 다음 장소로 가고 싶다고 한탄합니다. 폭포에서 떨어지면서 무섭다고! 어째서 저런 곳에 갑자기 폭포가 있는 거냐고 불평합니다.

이럴 생각이 아니었는데.

여기는 마음에 들지 않아.

싫어, 다른 게 좋아.

싫어, 싫다고.

가끔은 햇살이 따뜻하게 비치는 밝은 강가에 올라가기도 하겠지요.

그래, 내가 바라던 곳은 이런 장소야. 잘됐어. 드디어 도착했다.

그러나 기뻐한 것도 잠깐, 다시 이 나뭇가지는 물결 따라 흘러갑니다. 다음에 도착할 곳은 어디일지 모르는 채로.

만약 이 나뭇가지가 사람이라면 다음과 같은 대사가 되겠지요.

"즐거운 일이 없어요."

"뭐랄까, 매일매일이 전혀 충실하지 않아요."

"결혼을 했지만 행복하지 않아요."

"매일 회사에 출근하고 있지만 하고 싶은 일은 아니에요."

"지금 다니는 직장의 인간관계가 마음에 들지 않아요."

여러분은 이런 기분이 든 적 없나요?

이렇게 되는 원인은 인생의 다음 단계로 갈 때 나이가 찼으니 그에 따라 쓸려가기만 해서입니다.

중학교를 졸업했으니까 고등학교에 가고, 고등학교를 졸업했으니까 대학에 진학하고, 대학도 졸업했으니까 취업 활동을 해서 어쩌다 합격한 회사에 입사합니다. 그리고 적령기가 되어서 결혼을 하려고 상대를 찾습니다.

이러한 행동 패턴으로 사는 인생을 저는 '유목(流木) 인생'이라고 부릅니다.

유목 인생의 특징은 다음 세 가지입니다.

- 어떤 기분이 되고 싶은지 스스로 생각하지 않는다.
- 우연히 느낀 싫은 기분은 어떻게든 해결하려고 안달복달한다.
- 원하는 기분이 되기 위한 구체적인 행동은 하지 않는다.

저도 예전에는 이렇게 살았습니다. 성격이 급했기 때문에 그걸 고치려고 좌선 도장에 다니거나, 신체 사용법으로 기분을 바꾸는 법을 배우기도 했습니다.

이는 언제든 '이런 기분이 되고 싶다.'가 아니라 '이런 싫은 기분이 되고 싶지 않다.', '이 싫은 기분을 되도록 빨리 벗어나고 싶다.'는 사고방식 때문이었습니다.

하지만 어떤 방법을 시도해보아도 그다지 잘되지 않았습니다.

왜냐하면 떠다니는 나뭇가지가 '어쩌다' 흘러서 도착한 한탄의 못, 슬픔의 저수지, 분노의 계곡에서 '이런 장소로 흘러 도착하고 싶지 않았다.'고 불평하는 삶의 자세와 그 해결 방법이 결국은 동일하기 때문입니다.

강에는 군데군데 기분 나쁜 장소가 있습니다. 그러니 그런 장소에 어떻게든 가지 않는 편이 적절하겠지요.

인간관계나 인생도 마찬가지입니다. 성격이 나쁜 상사나 자기를 싫어하는 사람을 컨트롤할 수는 없습니다. 때때로 일어나는 예상 외의 사태도 컨트롤할 수 없습니다. 하지만 자신의 행동은 컨트롤할 수 있습니다.

이를 전제로 '어떤 기분이 되고 싶은지'를 생각하십시오.

이미 들어버린 기분을 어떻게든 바꾸려고 애쓰지 말고, 어떤 기분이 되고 싶은지 먼저 생각해서 그렇게 되기 위한 행동을 계획해 봅시다.

이는 '어떤 기분이 되고 싶지 않은가?'와는 확실히 다릅니다. '내일부터 울지 않는다.'와 '내일부터 웃으며 지낸다.'는 전혀 다른 느낌이지요? '내일부터 기고만장하게 생활한다.'고 하면 또 다른 이미지가 느껴집니다.

이어서 '원하는 기분'이 되기 위한 행동을 실제로 해봅시다.

그러면 스스로 '원하는 기분'이 된다는 것을 현실에서 체험할 수 있습니다.

짜증에서 벗어나기 위해 초조해하는 인생보다 원하는 기분을 느끼며 시간을 보내는 인생이 멋지고 즐거울 것 같지요? 이것이 '행복한 감정 컨트롤'입니다.

여러분은 매일 더욱 행복을 느끼면서 생활해도 좋습니다.

우와~ 내가 찾던
기쁨의 해변이다!
뭔 소리래.
경포대 온 걸 갖고…

더욱 즐겁게 지내도 좋습니다.

더욱 자유로이 원하는 인생을 살아도 좋습니다.

그런 삶이 가능한 시대가 되었습니다. 그러나 자신의 행복은 스스로 생각해서 행동해야 하는 시대이기도 합니다. 공부하고 좋은 학교를 졸업해서 멋진 회사에 들어가면 반드시 행복해질 거라고 장담할 수 없습니다. 예전처럼 공부만 하면 행복해진다고 가르치는 사람은 없습니다.

그러니 여러분이 스스로 어떤 기분이 되고 싶은지 생각해서 그렇게 되도록 행동해야 합니다.

떠다니는 나뭇가지와 같은 인생을 살다 보면 예컨대 기쁨의 해변에 도착해서 기쁨에 취했다 하더라도, '어쩌다'일 뿐입니다. 다음은 어디에 도착할지 모릅니다.

행복한 감정을 컨트롤해서 몇 번이고 기쁨의 해변에 도달하도록 합시다.

## 날마다 행복해지기 위한 체크 포인트

1. 하고 싶은 일을 꾹꾹 참는 이유는 부정적인 기억이 남아 있어서이다.
2. '어떻게 하면 사랑받을까?'로 생각을 전환하면 누구에게도 미움받지 않는다.
3. '타인에게 어떻게 보이는가?'는 인생에 있어서 아무래도 좋은 일이다.
4. 타인이 아니라 어제의 자신보다 조금이라도 나아지면 열등감이 사라진다.
5. 기분을 바꾸면 '현실'도 따라서 달라진다.
6. '착한 아이' 인생보다 떼쓰는 인생이 행복하다.
7. 부족한 부분을 덧붙이는 인생에는 끝이 없고, 자기다움도 없다.

# 4장

## 이제부터 가벼운 마음으로 삽시다

## 아직 뭔가 부족하다고 생각하나요?

마음먹은 것을 쉽사리 행동에 옮기지 못하는 사람들은 '지금 나에게는 뭔가 부족한 부분이 있다.'고 느끼는 특징이 있습니다.

언제나 자신에게 뭔가가 부족하다는 기분이 드는 '가난한 마인드'를 가진 사람이지요. 이런 사람들은 부족한 부분을 보충하면 행동에 나서겠다고 진지하게 생각합니다. 그러므로 행동할 작정이 있기는 합니다. 언젠가 부족한 부분이 채워지면 말이죠.

저는 교토에 살고 있지만 오키나와에도 맨션이 하나 있습니다. 이 이야기를 하면 사람들은 대부분 "부럽다. 나도 오키나와에 가고 싶어."라고 합니다.

자, 여기서부터 문제입니다.

제가 친구가 되고 싶다고 생각하는 대상은 곧장 오키나와에 날

아오는 사람들입니다. 하지만 안타깝게도 그런 사람은 그다지 많지 않습니다. 대부분 일단

"돈을 모으면 가고 싶어요."

라고 말합니다. 그러면 저는

"지금은 저가항공이 있으니까, 간사이공항에서 오키나와 현 나하시까지 평일이면 4천 엔대로 갈 수 있어요."

라고 대답합니다. 그러면 이번에는

"어머~! 그렇게 싼가요? 그렇다면 휴가를 내면 가고 싶네요."

사실 휴가를 오래 내지 않더라도 다녀갈 수 있습니다. 아침 9시에 나하에 도착하고 밤 10시에 나하에서 출발하는 비행기 편이 있습니다. 당일치기라도 하루 종일 충분히 오키나와를 만끽할 수 있습니다.

그렇게 이야기하면

"하지만 이왕 가는 김에 당일치기가 아니라 사나흘 느긋하게 있고 싶어요."

라는 대답이 돌아옵니다. 그렇게 대답하는 사람 중에서 실제로 오키나와에 오는 사람은 아무도 없었습니다.

"이 한 갑을 마저 피우고 나면 금연하자."

라고 말하는 사람이 금연에 성공하는 걸 본 적이 없는 것과 마찬가지입니다.

뭔가 일을 진행할 때 '○○가 되면 하자.'라는 식으로 어떤 조건이 조성되면 행동한다고 단언하는 사람은, ○○가 되면 이번에는 또 새로운 조건을 꺼냅니다. '△△가 ○○가 되면 하자.'라는 식입니다. 그리고 끝까지 행동에 나서지 않습니다.

'○○가 되면 하자.'라고 말할 때, 여러분의 성장은 멈춥니다.

행동에는 조건이 불필요합니다. 지금 할 수 있는 뭔가만 있으면 됩니다.

'이 한 갑을 마저 피우고 나면 금연하자.'가 아니라, '금연한다고 결정했으니까 남은 건 버리자.'입니다.

'부자가 되면 독립하자.'가 아니라 '독립하기 위한 준비를 지금부터 시작하자.'입니다.

'연인이 생기면 행복할 텐데.'가 아니라 '멋진 연인이 생기도록 매력적인 사람이 되자.'입니다.

'기회가 있으면 사과하자.'가 아니라 '일단 미안하다는 마음을 담아서 편지를 써 보자.'입니다.

'한가해지면 여행을 떠나자.'가 아니라 '바쁜 틈을 타서라도 갈 수 있는 즐거운 곳을 찾아보자.'입니다.

'이렇게 되면 저렇게 하자.'는 식으로 나오는 사람은 성장할 수 없습니다. 만화 「사자에상」에 등장하는 캐릭터 타라는 '~이 되면'이라는 뜻인 '타라'와 동일한 이름인데, 역시 아무리 시간이 지나도 어른이 되지 않습니다.

'내일이 되면'의 내일이 제대로 찾아와준다는 보장은 사실 어디에도 없습니다.

하지만 내일이 되면 확실하게 하루분만큼 나이가 듭니다. 그러는 사이에 허리나 무릎은 아파오고, 하룻밤 자는 정도로는 피로가 풀리지 않는 몸이 됩니다.

숙취에 쉽게 시달리고, 기억력도 나빠집니다. 머리숱은 줄고, 소변은 시원하게 나오지 않는 나날에 접어듭니다. 싫을지도 모르지만 이것이 현실입니다.

우리 몸은 오늘 할 수 없는 일을 내일은 더 하기 힘든 상태로 되어갑니다.

뭔가 하고 싶은 일이 있다면 조건이 갖춰질 때까지 질질 끌어서는 안 됩니다. '~하면'을 붙이지 말고, 오늘 할 수 있는 일은 오늘부터 시작하십시오.

오늘 시작하지 않으면 몇 년 후의 자신에게 얼굴을 들 수 없을지도 모릅니다.

# 일단 멈춰 서서 생각하지 마세요

'하고 싶은 일이 뭔지 모르겠다.'

'나는 대체 어떤 사람이지?'

살면서 우리는 문득 헤매는 순간이 있습니다.

안개 속에 있는 것처럼 앞을 볼 수 없을 때

"닥치는 대로 돌진하지 말고 일단 멈춰 서서 생각해보라."

는 조언을 받기도 합니다.

하지만 이 말은 오히려 역효과가 날 수 있습니다.

사실 멈춰버리면 더 자신을 알 수 없게 됩니다. 그보다 재미있다고 생각하는 일, 아주 좋아하는 일을 많이 하는 편이 자신을 재발견하는 데 더 유리합니다.

아무리 강한 바람이라도 붙잡아서 상자 안에 넣으면 더 이상 바람이 아니게 됩니다.

강물도 그릇에 담는 순간 강이 아니게 됩니다.

바닷물도 양동이로 떠내면 바다가 아니게 됩니다.

눈도 안개도 호수도 붙잡아버리면 원래의 이름을 잃어버립니다.

여러분도 분명히 그렇습니다.

여러분을 붙잡아서 방 안에 가두면 자기다움이 사라집니다.

뭔가에 몰두해서 움직이고 있을 때야말로 자기답습니다.

무엇을 할 때 기쁘거나 행복한지는, 아무것도 하고 있지 않으면 알아낼 수 없습니다.

'자기다움'은 책상 위나 세미나 회장에 떨어져 있지 않습니다. 생애를 걸고 열중할 대상과 만날 수 있는 순간들은 여러분이 움직이고 있을 때뿐입니다.

바다가 좋은지, 산이 좋은지는 가보지 않으면 알 수 없습니다.

산에 올라가봅니다. 등산은 매우 괴롭습니다. 그 괴로움을 뛰어넘어서 정상에 도착합니다. '아아! 정말 기분이 좋구나!'

바다에 들어가봅니다. '차가워~ 기분 좋아~ 산호가 예쁘네. 물고기가 귀엽다. 아아, 정말 멋지구나!'

이것은 상상입니다. 실제로는 '등산은 괴로웠을 뿐이고 바다는 무서웠을 뿐이다.'라고 생각할 수도 있습니다.

그러니 계속 다양한 시도를 해봅시다. 운 좋게 '아아! 이거다! 나는 이걸 하고 있을 때 제일 즐겁고 나답다.'고 생각하는 뭔가와 조우할 수 있습니다. 그럴 때는 그 일을 질질 끌지 말고 제대로 차지합시다.

흐르지 않는 강물이 고여버리듯이, 인생도 움직이지 않으면 고입니다. 여러분도 행동할 때 제일 아름다운 자기다움이 드러납니다. 움직이지 않고 고여 있는 인생을 받아들이겠습니까?

# 혹시 고민하느라 굶고 있지 않나요?

“햄버거를 먹을까, 파스타를 먹을까?”

패밀리 레스토랑에 가면 메뉴를 노려보면서 고민에 빠져 쉽게 주문을 결정하지 못하는 친구가 있습니다. 이쪽은 배가 너무 고파서 진즉에 주문을 결정하고 한시라도 빨리 음식이 나왔으면 싶은데 말입니다.

이렇게 쉽게 결정하지 못하는 이유 중 하나는 결단력이 약해서입니다. 결단을 내리지 못하는 이유는 ‘어느 쪽을 선택하면 좋을지 알 수 없’기 때문입니다. 이때 ‘좋을까?’란 ‘이득일까?’ 혹은 ‘손해일까?’입니다. 이 부분이 문제입니다.

심리학에는 ‘뷰리단의 당나귀’라는 이야기가 있습니다.

배가 고픈 당나귀 앞에 좌우 양쪽으로 같은 거리에 똑같은 색과 형태, 크기의 먹이를 둡니다. 그러면 당나귀는 어느 먹이를 먹으러 가면 좋을지 알 수 없어서 고민하기 시작합니다. 그리고 결국 그 자리에서 움직이지 못하고 아사해버린다고 합니다.

보통은 어느 쪽이든 좋으니 먹이를 먹는 편이 아사하는 쪽보다 낫다고 생각하지만, 당사자가 되면 그렇게 하지 않는다고 합니다. 어떻게든 '이득인 쪽을 고르고 싶다.', '손해 보고 싶지 않다.'는 마음이 이깁니다. 그래서 움직이지 않지요.

앞에서 말한 패밀리 레스토랑에서 주문하는 장면을 예로 들면 이해하기 쉽습니다.

애초에 패밀리 레스토랑에 간 이유는 특별히 먹고 싶은 음식이 없었던 것 아닙니까? 라면이 먹고 싶었다면 라면 가게에, 초밥이 먹고 싶었다면 초밥 가게에 갔겠지요?

특별히 먹고 싶은 음식이 있는 것은 아니지만 배가 고팠으니까 뭔가 먹으러 가자는 마음으로 들어가는 가게가 패밀리 레스토랑입니다. 그리고 어떤 메뉴든 대체로 어느 정도 맛을 내서, '아주 맛있다.'고 미소를 지을 만한 요리도 없지만 '맛이 없어서 먹을 수가 없어.'라고 할 정도의 음식도 없는 곳이 패밀리 레스토랑입니다. 그러니 본래 패밀리 레스토랑에 갔을 때는 메뉴를 펼쳐서 처음 눈에 들어온 메뉴를 주문해도 그다지 실패하지 않습니다.

그래도 뭘 주문하면 좋을지 고민하지요. 이것도 저것도 가격대며 맛이 다 비슷하니, 뷰리단의 당나귀처럼 고민합니다. 조금이라도 손해를 보고 싶지 않으니까, 조금이라도 이득을 보는 편이 좋으니까.

실제로 패밀리 레스토랑에서 아사할 때까지 고민하는 사람은 없지만, 회사를 그만두고 창업을 할까, 아니면 더 다닐까를 고민하면서 쉽게 행동에 나서지 못하고 정년까지 하고 싶지도 않은 일을 한다면 인생이 아사할 수 있습니다.

그러니 빨리 그만두라는 말이 아닙니다. 근무할 요량이라면 퇴직을 생각하지 말고 최선을 다해 일하는 편이 좋다는 뜻입니다.

만화 「도라에몽」의 '오른쪽일까 왼쪽일까, 인생 코스'라는 에피소드에 이런 장면이 나옵니다.

주인공 진구는 오른쪽으로 가도, 왼쪽으로 가도 무언가 문젯거리가 기다리고 있어서, 어느 쪽으로 가면 좋을지 알 수 없어 울고 맙니다. 그러자 도라에몽은 진구에게 이렇게 말합니다.

"길을 선택한다는 건, 반드시 걷기 쉬운 안전한 길을 고른다는 뜻이 아니야."

정말로 그 말대로라고 생각합니다. 걷기 쉬운 길이 아니더라도,

쟤 아직도 게임해~
모처럼 접속했으니까 한 판 더!
쯧쯧

안전한 길이 아니더라도 걸어가겠다고 결정하는 것. 이것이 아사하지 않기 위한 제일 나은 선택입니다.

조금이라도 이득을 보기 위해.

어떻게든 손해를 보지 않기 위해.

이러한 기준으로 선택을 하려고 하면 쉽게 행동에 나설 수 없습니다.

손해 보고 싶지 않다, 이득을 보고 싶다고 생각할 때는 머릿속에 '모처럼 하는 일이니까.'라는 대사가 스쳐 지나가는 일이 많습니다.

'모처럼 왔으니까, 조금이라도 이득을 보는 편이.'

'모처럼 하니까, 조금이라도 손해를 보지 않는 쪽으로.'

'모처럼 취직했으니까, 조금만 더.'

'모처럼 공부해서 취득한 자격이니까, 살리려면.'

이 '모처럼'을 버리지 않으면 삶이 아사하고 맙니다.

# 준비하느라 행동을 미루지 마세요

'열심히 일해도 생활은 나아지지 않아. 물끄러미 손바닥을 내려다보네.'

이시카와 다쿠보쿠의 유명한 하이쿠입니다. 열심히 노력하고 있는데 행동이 성과로 이어지지 않는 사람이 있습니다. 안타깝지요.

기껏 행동에 나섰으니까 그만큼은 성과로 이어지게 하고 싶다. 그야 그럴 것입니다. 그렇다면 무엇이 부족해서 성과로 이어지지 않았던 걸까요?

행동 양이 적었나?

아니오, 그렇지는 않습니다. 여러분은 충분히 노력했습니다.

정열이 부족한가?

이것도 틀립니다. 최선을 다해 정열을 가지고 일했습니다. 그러면 무엇이 잘못되었던 걸까요?

어쩌면 행동의 방향성이 잘못되었던 것인지도 모릅니다. 안쪽을 향해 움직였는가, 바깥쪽을 향해 움직였는가? 이 두 방향성을 잘못 택했을 수 있습니다.

한 나무꾼이 땀을 뻘뻘 흘리면서 톱으로 나무를 베고 있었습니다. 매일 나무 10그루를 베어 쓰러뜨리는 것이 그의 일과였습니다.

어느 날 나그네가 찾아와서 나무꾼에게 이렇게 말했습니다.

"아저씨 톱날에 녹이 슬어서 너덜너덜하네요. 그런 도구로는 나무를 베기 힘들죠. 잠깐 쉬면서 톱날을 닦으면 베기 쉬워져요."

나무꾼은 나무를 베던 손을 멈추고 돌아보며 나그네에게 대답했습니다.

"호오, 그런 건가. 날은 어떻게 닦으면 좋지?"

나그네는 나무꾼에게 친절하게 날을 닦는 법을 가르쳐주었습니다.

이내 반짝반짝 깨끗해진 톱날을 보고 나무꾼은 매우 기뻐하며 말했습니다.

"고마워! 매우 예리한 톱이 되었군."

"천만에요."

그렇게 대답하고 나그네는 길을 떠났습니다.

나그네가 떠난 다음 나무꾼이 나무를 베어보니…….

'정말 잘 베어져!! 일이 순조로워, 순조로워!'

나무꾼은 기뻐서 이렇게 생각했습니다.

'날을 조금 닦기만 해도 이렇게 잘 베어지는구나. 새 톱이라면 틀림없이 더 잘 벨 수 있을 거야.'

그리고 마을에 내려가서 새로운 톱을 샀습니다.

예상대로 새로운 톱으로는 나무가 더 잘 베어졌습니다.

나무꾼은 히죽거리며 이렇게 생각했습니다.

'이렇게 싸구려 톱인데도 신품을 쓰니까 잘 베이네. 비싼 톱을 쓰면 틀림없이 더 잘 베어질 거야.'

그리고 다시 마을에 내려가서 비싼 톱을 사왔습니다.

예상대로 비싼 톱을 쓰자 저렴한 톱보다 잘 베어졌습니다.

'수입 톱이라면 분명…….'

'최신식 톱이라면 분명…….'

'전동식 톱이라면 분명…….'

'초합금으로 만든 톱이라면 분명…….'

나무꾼은 훨씬 잘 베이는 톱을 손에 넣고 기뻐서 어쩔 줄 몰랐습니다.

'이제는 지금까지보다 나무를 더 많이 편하게 벨 수 있어!'

'아니, 분명 더 좋은 톱이 있을 거야.'

나무꾼의 탐구심은 계속 뻗어나가서 '양질의 톱'을 자꾸만 추구했습니다.

더 좋은 톱은 없는가?

더 뛰어난 톱은 없는가?

원래 우직한 성격이었던 나무꾼은 앉으나 서나 열심히 좋은 톱을 찾아다녔습니다. 그리고 세간에는 하루가 다르게 성능이 좋은 톱이 출시되었습니다. 그러니 좋은 톱을 찾아다니는 여행은 끝나지 않습니다.

여러분에게도 나무꾼 이야기와 비슷한 기억이 있지 않습니까?

지금 뭔가를 준비하고 있다고 말하지만, 사실상 책을 읽거나 교재를 공부하고 세미나에 참석하는 등 자신을 닦는 일만 하고 있지 않습니까?

나무꾼의 '행동 양'은 나무를 베어 쓰러뜨린 그루 수로 결정됩니다. 아무리 뛰어난 톱을 여러 개 손에 넣었더라도, 나무를 쓰러뜨리기 전까지는 나무꾼으로서의 '행동 양'은 제로입니다.

다양한 정보를 수집하고 많은 곳에 찾아가서 뛰어난 톱을 손에 넣고 기뻐하는 것은 '행동'이 아니라 '자기 위안'입니다.

본인은 기쁠 수 있습니다. 최신식 톱을 사용하면 지금까지 한 노력의 반만 들여도 나무를 벨 수 있을지도 모르지요. 하지만 한

그루라도 나무를 잘라내기 전까지 '나무꾼'으로서의 행동 양은 '0'인 채입니다.

좋은 교훈을 배웠다면 다음은 '자기 위안'이 아니라 즉시 '행동!'이라는 점을 잊지 마세요.

## 쓸데없는 조언에는
## '너나 잘하세요.'로 맞서세요

저에게 조언을 들으러 온 사람들이 제 조언을 듣고 가장 많이 하는 말이

"알겠습니다. 하지만 어려울 것 같아요."

입니다.

어려울지 간단할지는 행동해보지 않으면 모르지요. 그런데도 '어려울 것 같다.'가 제일 많이 하는 반론입니다.

어렵다는 것은 무엇일까요?

어려워서 하기 싫다는 것이겠지요. 하지만 어렵다고 아무 행동도 하지 않으면 결과는 마찬가지입니다.

사람들은 시험 삼아 해봐서 잘되면 이득이지만, 실패했을 때 상처받는 것은 싫어합니다.

실패는 누구에게나 일어납니다. 하지만 실패 경험으로 반드시 상처를 받는다고는 할 수 없습니다.

그런데도 '실패하면 상처를 받는다.'고 굳게 믿고 있으니 어려운 일에 도전하기가 무서운 것입니다.

실패해도 좋습니다.

다쳐도 괜찮습니다.

실패를 하면 그 다음에는 어떻게 할지 생각합니다. 그 과정에서 지혜가 늘어납니다. 상처를 입으면 그 덕분에 타인의 고통을 이해할 수 있게 되고 배려하는 사람이 될 수 있습니다.

그러니 만약에 여러분을 걱정해서 실패하지 말라고 이야기하는 사람이 있다면, 여러분을 걱정해서 다치지 말라고 조언하는 사람이 있다면

"걱정해줘서 고마워, 마음을 써줘서 정말 기뻐."

라고 대답하십시오.

그런 다음에 마음속으로

'나에게서 실패할 권리를 빼앗지 말아줘. 나에게는 실패할 권리가 있어.'

라고 소리치십시오.

"너를 위해서 하는 말이야."

너나
잘하세요!
내 인생은 내가
알아서 해
깜짝

라는 말을 들으면 지체 없이,

'그런 조언 따위, 너나 잘하세요!'

라고 마음속으로 소리치십시오.

여러분에게는 자신의 인생을 만끽할 권리가 있습니다. 나이가 든 후 인생을 돌아보았을 때, 아무것도 없는 인생이었다면 외롭지 않겠습니까?

잔뜩 도전하고 잔뜩 실패해서 잔뜩 상처 입었지만, 잘 해결된 일도 있고 즐거운 일도 많았던 인생을 만들고 싶지 않습니까?

여러분에게서 실패할 권리를 빼앗는 조언 따위는

'너나 잘하세요!'

로 맞서세요.

그리고 여러분에게 실패할 권리를 빼앗는 사람이 여러분 자신이 아니길 바랍니다.

자, 어서 실패하고 오세요. 실패하지 않고 성장하지 않는 인생보다 실패하거나 성공하면서 만끽하는 인생을 위하여!

# 행동하지 않는 바람에
# 성공을 놓치지는 마세요

갑자기 눈앞이 새하얘져서 주변이 보이지 않는다.

쥐 죽은 듯이 조용하던 객석이 조금씩 웅성대기 시작한다.

'위험한데. 저 사람, 무슨 말을 하는 거야, 라고 생각할 거야.'

저는 강사니까 "많은 사람 앞에서 자신만만하게 이야기하다니 대단하네요."라는 칭찬을 받는 일이 있습니다. 하지만 처음에는 이런 식으로 긴장해서 머릿속이 새하얗게 될 때가 많았습니다.

한번 이렇게 되면 누구든지 자신이 없어집니다. 어쩔 수 없는 일입니다. 하지만 중요한 것은 그 다음입니다.

다음 기회에도 많은 사람 앞에서 '다시 머리가 새하얗게 되면 어쩌지?'라고 생각하는 버릇이 들면 곤란합니다.

저번에 그랬다 하더라도, 이번에도 그럴 거라고 단정할 수는 없습니다. 그런데도 스스로 '다시 그러면 어떡하지.'라고 계속 생각하면서 자신감을 자꾸 잃어갑니다.

그래서 '자신이 없어서 행동하지 않는다. → 행동하지 않아서 성공 체험이 늘지 않는다.'는 악순환의 논리에 빠집니다.

결과를 내는 사람과 내지 못하는 사람의 가장 큰 차이는 뭐니 뭐니 해도 행동 양입니다. 많이 행동하는 사람이 많은 성과를 올립니다.

행동 양은 '할 수 있다고 생각하는가, 나에게는 무리라고 생각하는가?'의 선택으로 결정됩니다. 바꾸어 말하자면 스스로 자신의 이미지를 어떻게 생각하는지에 따라 달라집니다.

자신이 가진 스스로의 이미지를 '셀프 이미지'라고 부릅니다.

이 셀프 이미지가 낮으면 '나는 할 수 없다.'고 생각하는 일이 눈덩이처럼 늘어나서 행동하지도, 도전하지도 못합니다.

반대로 셀프 이미지가 높으면 다양한 일에 도전합니다.

그런데 이 '자신감'이란 스스로를 믿는 것뿐이니, 근거 따위는 필요 없습니다. 자신이 있다고 말해버리면 그걸로 끝입니다.

게다가 '근거 없는 자신감'은 '근거 있는 자신감'보다 턱없이 강합니다.

'근거 있는 자신감'은 근거가 있는 만큼, 근거가 흔들리면 자신도 함께 흔들려버립니다. 예를 들어 '나에게는 강력한 연줄이 있는 친구가 있으니 괜찮아.'라고 생각하다가 그 친구와 싸우면 자신감도 함께 없어집니다. 하지만 근거 없는 자신감은 애초에 '근거가 없으므로' 흔들릴 수 없습니다.

한편 자신감이 부족한 사람은 스스로를 좋아하지 않는 경우가 많습니다. '나에게는 좋은 점이 없어.'라고 믿고 있으니 쉽게 자신을 좋아하지 못합니다. "당신에게는 좋은 점이 있어요."라는 말을 들어도 믿지 못합니다. '당신은 지금 그대로가 좋아요. 이미 완벽한 존재예요.'라는 말을 들어도 그렇게 생각하지 못합니다.

지금까지 실패한 경험과 기억이 많으니까.

지금까지 '그러면 안 되잖아.'라고 혼난 적이 많으니까.

어느새인가 '나는 글러먹은 사람이다.'라고 굳게 믿고 있습니다.

그 결과 이런 사람들은 행동에 나서지 못하게 되었습니다. 그러니 성공 체험이 늘지 않습니다. 성공 체험이 늘지 않으니 아무리 시간이 지나도 자신감이 생기지 않습니다.

그렇다면, 뭐든지 한 가지 '나는 정말 멋진 사람이다.'라고 굳게 믿을 수 있는 일을 만드는 것이 좋습니다.

그러면 '나도 쓸 만한 사람이야.'라고 믿는 방법을 알려드리겠습니다.

일본에 들어오는 영화는 전부 '전미 넘버원'이라는 평을 달고 있습니다. 어째서 그런지 생각해본 사람도 많을 것입니다. 사실 여기에는 계략이 있습니다.

포스터를 찬찬히 읽어보면 아래쪽에 작은 글자로 단서가 붙어 있습니다. '서스펜스 부문'이거나 '흥행 수입'이거나, 대단하게는 '○월 ○일부터 3일간의 관객수'까지 있습니다.

관객수란 입장한 사람의 숫자로, 흥행 수입이 아니지요. 그렇다면 그 3일 동안만 입장료를 할인하거나 선물을 줘서 입장객수를 무리하여 늘린 것뿐일지도 모릅니다.

하지만 전미 넘버원인 것만큼은 틀림없지요.

그런가? 뭐든지 좋구나. 스스로 기준을 만들면 되는구나.

스스로 자신이 넘버원이 되는 기준을 만들어버리면 됩니다.

내 스타일 넘버원이라든가, 내 방식 넘버원으로 충분하구나.

그렇다면 여러분 기준에 맞춘 넘버원을 만듭시다.

예를 들어,

미소 지으며 인사하기 넘버원(금요일 퇴근 시)

돈 버는 사람 넘버원(나카무라가 성 씨인 부문, 나 혼자지만)

아이와 잘 놀아주는 아버지 넘버원(10월 1~3일)

이런 식으로 여러분이 넘버원을 차지할 가능성이 있는 부문을 쥐어짜고, 넘버원이 되는 기간을 한정합니다.

그리고 '나는 ○○○의 넘버원이야.'라고 스스로에게 말해줍니다.

그러면 셀프 이미지가 점점 올라갑니다.

이 부문도, 저 부문도, 그 부문도 넘버원이라고 생각하면 나는 얼마나 멋진 인간인가 싶은 믿음이 어느새인가 생깁니다.

믿었다면, 이제 괜찮습니다. 셀프 이미지가 높아졌으니 여러분의 행동 양도 계속 늘어날 것입니다.

그리고 결과는 행동 양에 정비례합니다.

# 행운을 붙잡는 비결은 널려 있어요

프로야구 선수로 3할 타자라고 하면 뛰어난 강타자입니다. 하지만 3할 타자도 7할은 아웃당하지요. 잘하는 것처럼 보이지만 꽤나 실패를 많이 경험하는 것입니다.

무엇보다 잘되는 것 같은 사람을 보면 부럽지요? 하지만 부럽다고 생각하는 그 사람은 여러분이 알지 못하는 곳에서, 누구에게도 보이지 않는 곳에서 반드시 실패한 경험을 가지고 있습니다. 단지 실패한 경험을 그다지 드러내지 않는 것뿐입니다.

언제나 멋진 여성을 데리고 다녀서 인기 만점으로 보이는 남성도 사실은…….

분위기 좋은 호텔의 라운지. 멋을 잔뜩 낸 남녀가 술을 마시고 있습니다.

여성이 슬쩍 손목시계를 봅니다. 막차가 끊길 시간이 신경 쓰일 무렵, 남성이 가방에서 뭔가를 꺼냅니다. 그리고 여성의 앞에 내려놓습니다.

남자 : 이거.

여자 : 응?

(남성이 꺼낸 것은 호텔의 고층에 있는 방 열쇠였습니다.)

남자 : 위에 방을 잡아놨어.

(하지만 반드시 잘될 거라고 장담할 수는 없습니다.)

여자 : 너 바보 아냐? 오늘은 재미있었어. 잘 먹었어. 막차 끊기니까 가볼게.

라고 말하며 총총히 여성은 사라지고, 남은 것은 방 열쇠와 계산서, 남성뿐입니다. 그런 일이 벌어질 확률도 있습니다.

애초에 여성에게는 아무런 마음이 없었다 하더라도 무심코 그날의 분위기에 휩쓸릴 가능성이 절대 없다고는 장담할 수 없습니다. 둘이서 식사를 하고 막차 시간이 되기까지 호텔 라운지에서 술을 마시고 있었을 정도니까요. 전혀 마음이 없는 상대라면 애초에 그런 시간까지 둘이서 함께 있지 않겠지요.

혹시 여성에게 마음이 있었다 하더라도 방을 잡지 않았다면 100% 돌아갈 수밖에 없는 상황입니다. 돌아가버리면 그걸로 끝이지요. 즉 계획을 가지고 밑 준비를 해온 사람만이 다음 단계에 갈 수 있습니다.

'계획성과 사전 준비.' 일에서도 사생활에서도 인생에서도 이것이 중요합니다.

여러분은 오늘의 멋진 마무리를 맞이해서 호텔 방을 잡아두었습니까? 여러분에게 '방을 잡는다.'란 어떤 것입니까?

최고의 오늘을 만들기 위해 어떤 일을 할 수 있습니까?

열심히 계획해서 준비를 해도 최고의 오늘이 될 거라고는 장담할 수 없습니다. 하지만 준비도 없이 어쩌다 '최고의 오늘'을 맞이할 가능성은 매우 낮습니다.

호텔 방을 잡아놓았다가 유혹을 거절당했을 때의 위험은 날리게 될 방값뿐입니다. 만일 거절당하지 않고 승낙을 받는다면 하룻밤뿐만 아니라 그 후의 인생 자체가 장밋빛이 될지도 모릅니다. 그래서 준비를 해두는 것입니다.

준비를 해두지 않으면 기껏 장밋빛 인생이 손에 들어올 가능성이 있었는데, 뻔히 눈뜬 채 방기해버리게 될지도 모릅니다.

저는 20대 시절에 혼자서 워킹 홀리데이 비자로 호주에 1년간 체류했습니다. 그리고 현지에서 차를 구입했습니다.

하지만 혼자서 운전하기는 힘드니까, 히치하이킹을 하는 사람을 발견하면 교대로 운전하는 것을 조건으로 가능한 태워주었습니다.

어느 날, 한 일본인 남성이 히치하이킹을 하고 있어서 멈추고 이야기를 들어보니, 하루 반 정도 걸리는 목적지까지 태워주었으면 한다고 했습니다. 제가 앞선 조건이라도 좋으냐고 묻자, 일본 운전면허증은 있지만 국제 면허증이 없어서 호주에서는 운전을 할 수 없다고 말했습니다.

"안타깝지만 미안합니다."라고 말하며 거절했습니다.

아깝지요. 국제 면허증은 신청만 하면 놀랄 정도로 간단하게 받을 수 있습니다. 그는 이후 얼마나 오랫동안 플래카드를 들고 길가에 서 있었을까요?

여러분의 인생에서도 매우 멋지고, 생각지도 못하게, 춤을 추고 싶어질 법한 미래가 손에 들어올 찬스가 기다리고 있습니다.

그 찬스를 자신의 것으로 만들기 위해서는 어떤 '계획'을 세우고 무엇을 '준비'해야 할까요?

계획과 준비가 없으면 인생의 길섶에서 히치하이킹 플래카드를 든 채로 멍하니 서 있게 될 뿐입니다.

찬스란 준비와 만났을 때 찾아옵니다.

"찬스의 신에게는 앞머리밖에 없어. 그러니 눈앞에 왔을 때 바로 붙잡지 않으면 뒤따라가도 붙잡을 수 없다."

이런 이야기를 자주 듣습니다. 하지만 이는 정답이 아닙니다. 찬스의 신이 전해주는 것은 '소식'뿐입니다. 이를 꽉 움켜쥐었을 때 비로소 '찬스'로 바뀌는 것입니다.

'준비'를 하고 있지 않으면 '기회'가 찾아왔을 때 일순간 주저할지도 모릅니다. 그러면 이미 '기회'가 눈앞에서 지나가버려 붙잡을 수 없게 됩니다. 그러니 멋진 '기회'와 조우했을 때 일순간의 주저도 없이 휘어잡기 위해서 '준비'가 필요합니다.

# 목표가 막연하면 막연한 일이 일어나요

목표가 없으면 의욕이 나지 않아서 열중하지 못하는 사람, 목표 세우기에 서툴러서 상황에 따라 행동하는 편이 좋은 사람 등 사람은 저마다 제각각입니다.

만일 목표 설정에 서툴거나 목표를 세워도 쉽게 이루지 못해서 고민이라면, 어쩌면 '램프의 요정'이 장난을 치는 중일지도 모릅니다.

사실 사람이라면 누구든지 램프의 요정을 가지고 있습니다. 램프의 요정이란 '잠재의식'이나 '무의식'이라고 부르는 것입니다.

이 램프의 요정(잠재의식·무의식)은 여러분의 바람(목표)을 이루어 줍니다. 여러분을 행복하게 해주고 싶어서 열심히 움직이고 있습니다.

다만 그 행동이 조금 이상합니다. 램프의 요정은 심술꾸러기라서, 바라는 점을 제대로 정확하게 말하지 않으면 이렇게 저렇게 장난을 칩니다.

'돈(金, 카네)을 갖고 싶어.'

라고 말하면 절의 종(鐘, 카네)을 주거나,

'여자들이 말을 걸어오면 좋겠어.'

라고 말하면 치한으로 몰려서 고함 소리를 듣게 하기도 합니다.

즉 램프의 요정이 이런 식으로 장난을 치지 못하도록 정확한 소망(목표 설정)을 말할 수 있다면, 여러분의 소망(목표)은 이루어집니다.

좋지 못한 소망에서 옳은 소망까지 순서대로 훑어볼 테니, 여러분의 소망이 어디에 해당하는지 생각해보십시오.

램프의 요정에게 '오래 살고 싶다.'는 소망을 말했다고 합시다.

그러면 50살에 죽어버립니다. 왜냐하면 지구 규모에서 개발도상국이나 남아프리카 지역까지 포함하여 생각하면 50살은 어느 정도 오래 산 거니까요.

그러면 싫지요. 좀 더 구체적으로 '100살까지 오래 살고 싶다.'는 소망을 말해봅시다.

이제 100살까지는 살 수 있습니다. 하지만 50살에 교통사고를

당해서 하반신 불구가 되어서, 남은 50년은 침대 위에서 움직이지 못한 채로 지내버립니다.

그렇다면 '100살까지 건강하게 오래 살고 싶다.'고 소망했다면 어떨까요?

100살까지 건강하게 오래 삽니다. 전 재산을 사람에게 속아서 빼앗겨 노숙자 생활을 하더라도 질병 하나 걸리지 않을 만큼 건강하게 말이죠.

그렇다면 '100살까지 건강하고 경제적으로도 여유롭게 오래 살고 싶어.'라고 빌어봅시다.

그러자 100살까지 건강하고 경제적으로도 여유롭게 오래오래 살게 됩니다. 하지만 재산을 쌓기 위해 가까운 친구를 이용하고 가족을 소홀히 했기 때문에, 결국에는 주변에 아무도 없는 외톨이 노년을 보냅니다.

이제 여기까지 오면, '100살까지 건강하고 경제적으로도 여유롭고 가족에게도 사랑받으면서 행복하게 오래 살고 싶다.'고 바라게 되지요.

이제 여러분은 피우던 담배를 끊고 식생활에도 신경을 쓰면서 열심히 일하고 친구와 가족을 소중히 여기며 100살까지 행복하게 살게 됩니다.

여러분이 가진 램프의 요정도 분명 이런 식입니다.

여러분이 '이런 식이 되고 싶다.'고 바라는 모습은 아직 램프의 요정이 장난을 칠 여지가 있는 수준입니다.

바꾸어 말하자면 스스로 자신이 어떤 행동을 하면 원하는 모습(예컨대 부자가 되고 싶다거나 오래 살고 싶다는)이 될 것인지 명확하게 그려놓지 못한 수준입니다.

어떤 행동을 해야 원하는 모습이 될지 모르면 어떤 시도도 할 수 없습니다. 뭘 하더라도 원하는 모습이 명확하지 않으면 바라지 않았던 것만이 현실이 되고, 원하는 것은 자꾸 손에 들어오지 않습니다.

더욱 구체적으로, 램프의 요정이 장난을 칠 여지가 없는 소망을 만들어봅시다. 그러면 원하는 모습이 되기 위해 어떤 구체적인 행동을 취하면 되는지 알 수 있습니다.

그리고 무의식적으로 그 행동을 취하게 됩니다. 그야말로 램프의 요정이 그 소망을 이루어주고 있는 듯하지요.

여러분의 소망은 무엇입니까?

램프의 요정은 심술꾸러기니까, 장난을 치지 않도록 구체적인 소망을 말해봅시다.

누구와?

어디서?

언제?

어떤 식으로?

어떻게 되고 싶은가?

그것은, 어째서?

# 희망, 꿈, 비전이 있어야 행동력이 나와요

여러분이 쉽사리 행동에 나서지 못하는 이유는 행동력이 없어서가 아닙니다.

긍정적으로 생각하지 못하기 때문에? 자신과의 약속을 지키지 못하는 성격이라서? 실천력이 부족해서? 공포심을 극복하는 강인한 정신이 모자라서?

전부 틀렸습니다.

사실 행동력이나 실천력의 문제가 아니라 그저 자신의 목적에 스스로 따르지 못하는 것뿐입니다. 스스로에 대한 리더십의 문제입니다.

큰 꿈이나 목적을 이루려면 많은 사람을 따르게 만들 필요가 있지만, 우선 자신이 스스로의 목적에 따르지 않으면 일을 시작할 수 없습니다.

그렇다면 자신에 대한 리더십은 어떻게 기르면 좋을까요? 일본 사람이라면 누구든지 알고 있는 그 사람에게서 배워봅시다.

자신의 꿈에 아주 약간의 대가만으로 타인을 참여하게 만든 리더십의 달인, 동화 속 주인공 모모타로입니다.

모모타로는 개와 원숭이, 꿩을 '단 한 개의 수수경단'만으로 아득히 먼 도깨비 섬까지 동행하게 만들었습니다. 게다가 자칫하면 목숨을 잃을지도 모르는 위험을 무릅쓰고 도깨비 퇴치에 참가하게 했습니다.

수수경단 하나만 주고 도깨비 퇴치를 시키다니, 모모타로가 도깨비 같아!

잔업 수당과 위험수당도 없고, 보수는 달랑 수수경단 하나뿐. 그것만 주고서 목숨을 잃을지도 모르는 과제를 안겨줍니다. 지금이라면 이런 사장이 있는 회사는 반드시 '블랙 기업'이라는 낙인이 찍히겠지요.

하지만 사실은 그렇지 않습니다.

개와 꿩은 모모타로가 수수경단을 준다고 했기 때문에 따라간 것이 아니라, '도깨비 정벌'을 하기 위해 따라간 것입니다.

네 꿈은 뭐야?
확실히 말 안 해?
저…
저기…
그게…
저도 모르니까
이러고 있죠.

도깨비 섬에 가서 도깨비를 퇴치하면, 그 때문에 괴로워하는 많은 사람을 구할 수 있어!

→ 희망

지금부터는 안전하게 살 수 있어. 그렇게 되면 모두가 주목해 줄 거야!

→ 꿈

우리들은 영웅이 될지도 몰라. 모두에게 감사를 받아! "고마워."라는 말을 많이 들으면 행복해.

→ 비전

세 마리 동물은 이 '꿈'과 '희망', '비전'을 받았습니다.

그래서 따라갔습니다.

만일 '강에 빨래를 하러'나 '산에 나무를 하러'였다면 따라갈 마음이 들지 않았을 것입니다.

어쩌면 도깨비에게서 금은보화를 얻게 되면 배당을 받을지 모른다는 타산이 있었을지도 모릅니다. 그에 관한 가치판단과는 별도로, 이 또한 역시 꿈이자 희망이라고 볼 수 있습니다.

여러분이 행동에 나서기 위해서 필요한 것은 공포심을 극복하는 정신력이 아니며, 행동력이 아닐뿐더러 수수경단도 아닙니다.

여러분이 쉽사리 행동에 나서지 못할 때는 자신의 입으로 내뱉는 말에 다음과 같은 것이 있는지 질문을 던져봅시다.

- 매력이 넘치는 꿈이 있는가?

- 그 꿈을 달성하는 것이 누군가의 희망이 되는가?

- '해내겠어!'라는 마음이 드는 비전을 말하고 있는가?

이 세 가지입니다. 이것을 갖췄다면, 여러분은 스스로를 따라 목숨을 걸고 도깨비 섬에 찾아갈 수 있습니다.

# 행복의 씨뿌리기를 잊지 마세요

30대 중반의 이혼 여성과 다음과 같은 상담을 한 적이 있습니다.

"지금 이대로 모자 가정에서 아이를 기르는 것은 불안합니다. 하지만 재혼했다가 또 이혼하게 되면 이혼 경력이 두 번이 되니까, 그건 절대로 싫습니다. 그러니 재혼은 하고 싶지 않아요. 전남편과는 아이를 위해서 만나고 있긴 하지만 다시 관계를 회복할 생각은 전혀 없습니다. 어떻게 하면 좋을까요?"

그녀는 유치원에 다니는 여자아이와 둘이서 살고 있습니다. 새로운 남자 친구도 있습니다. 전남편과는 아이를 통해 교류하는 중입니다.

그녀의 상담 내용에는 '이렇게는 되고 싶지 않다.'가 있지만 '이렇게 되고 싶다.'가 없었습니다.

지금 회사는 싫다. 하지만 전직은 불안하다. 역시 무직은 되고 싶지 않다.

지금 결혼 생활은 견딜 수 없다. 하지만 이혼에 기력을 낭비하고 싶지 않다.

매일매일이 재미가 없다. 하지만 새로운 일을 시작하기는 귀찮다. 게다가 돈은 되도록 쓰고 싶지 않다.

비슷한 이야기는 수없이 많습니다. 하지만 '지금'을 어떻게든 바꾸고 싶더라도 '이렇게 되고 싶다.'는 목표가 없으면 아무것도 바뀌지 않습니다.

저도 보험 영업을 하던 시절에는 일하기가 싫어서 어쩔 줄 몰랐습니다. 그렇다고 해서 딱히 뭔가 하고 싶은 일이 있었던 것도 아니었습니다. 기껏 지금까지 획득한 고객을 포기하면서까지 전직할 용기도 쉽게 나지 않았습니다.

그야말로 상담하러 온 여성분과 마찬가지로 우물쭈물하고 있었습니다. 그리고 매일매일이 싫어서 어쩔 줄 몰랐습니다.

하지만 어떤 사람의 강연을 듣고 나서 그 사람처럼 되고 싶다고 생각했을 때, 처음으로 행동에 변화가 생겼습니다.

그때까지 저는 고객에게 사고나 질병, 부상에 관한 이야기를 하는 나날을 보냈습니다. 하지만 그 강연가는 수강생에게 힘이나 용기를 주는 이야기를 하고 있었습니다.

'똑같이 매일 이야기를 하는 일을 해야 한다면, 질병보다 힘을 주는 이야기를 하고 싶다.'

그때 저는 처음으로 '이렇게 되고 싶다.'는 모습을 발견해서, 곧장 교토에서 활약 중인 카운슬링 선생님에게

"옆에서 보좌하게 해주십시오. 급료는 필요 없습니다."

라고 부탁하는 전화를 걸었습니다. 제 인생이 바뀐 것은 그때부터입니다.

이후 선생님 옆에서 카운슬링 공부를 하는 동안에 선생님의 소개로 교토의 대학에서 강사 생활을 했습니다. 매월 신주쿠에서도 강연을 했습니다.

그리고 '도쿄에서 매월 강연을 하는 강사'라는 직책에 열중하며, 꿈에 열중하며 살면서 꿈 같은 인생을 살고 싶은 사람을 위한 학원, 통칭 '유메유 메쥬쿠'를 관서 지방에서 열었습니다.

학원을 몇 년 경영하다 보니, 새로 문을 연 패밀리스쿨 국제 비즈니스대학교에서 제안이 들어와서 학장직에 취임했습니다.

그러고는 많은 사람에게 카운슬링하고 매일 웃으면서 보낼 수 있도록 도움을 주면서 책도 출판했습니다.

이런 일들은 보험 일을 하면서는 얻을 수 없었던 열매입니다.

사과 씨를 심으면 당연히 사과가 열립니다.
복숭아 씨를 심으면 당연히 복숭아가 열립니다.
멜론이 먹고 싶다면 멜론 씨를 심으면 됩니다.
그러면 잘 모르는 씨를 심으면 어떻게 될까요?
뭔가 알 수 없는 싹이 틉니다. 먹을 수 없는 과실이 열릴지도 모릅니다.
"멜론이 먹고 싶었는데!"
나중에 그런 말을 해도 어쩔 수 없습니다.
먹고 싶은 과일을 먼저 마음속에 그린 다음 그 씨를 땅에 심어야 합니다.
그리고 필요할 때 필요한 만큼 물과 비료를 주어야 합니다.
그러면 언젠가 심었던 씨의 과일이 열립니다.

여러분은 장래에 어떤 과일을 먹고 싶습니까?
상담하러 온 여성에게는 본인의 '지금'을 어떻게 하고 싶은지가 아니라 딸의 인생에서 어떤 '장래'를 보고 싶은지를 물어봤습니다. 그러자,
"결혼할 때 상대방 친지에게도 부끄럽지 않은 피로연을 열어주고 싶다."
라는 대답이 돌아왔습니다.

"그러려면 '지금부터' 무엇을 할까요?"

라고 다시 물어보자

"이쪽도 양친이 모여 있는 편이 좋다고 생각합니다. 이혼 경력을 늘리지 않을 법한 상대를 찾겠습니다."

라고 대답했습니다.

내일 웃으며 지내기 위해서 오늘 행복의 씨앗을 심어야 합니다. 오늘 행복의 씨앗을 심지 않으면 내일 싹이 트는 일은 없습니다.

여러분은 장래에 어떤 과일을 먹고 싶습니까?

오늘의 싹은 어제 여러분이 심은 씨앗입니다.

자연계의 법칙은 매우 단순합니다.

인생에서도 '지금'은 바꿀 수 없지만 '미래'를 마음속에 그린 모습으로 만들기 위하여 '지금 행동할 수 있는 여지'는 있습니다.

'매일매일이 재미없다. 하지만 새로운 일을 시작하기란 귀찮다. 게다가 돈은 되도록 쓰고 싶지 않다.'

그렇게 생각하고 있다면 어떤 나날이라면 '재미있는' 시간으로 생각될지 그려보는 것부터 시작하십시오.

마찬가지로

'지금 결혼 생활은 견딜 수 없다. 하지만 이혼에 기력을 낭비하고 싶지 않다.'

원하는 미래를
머릿속에 그리고 있어요.

그렇게 생각하고 있다면 어떤 결혼 생활이라면 '재미있을지'를 그려보십시오.

'지금 회사는 싫다. 하지만 전직은 불안하다. 역시 무직은 되고 싶지 않다.'

그렇게 생각하고 있다면 어떤 회사라면 재미있게 일할 수 있을지를 그려보십시오.

저도 회사가 싫어서 짜증난다고 말하던 시기에는 열심히 일하지 않았습니다. 하지만 좋아하는 일을 발견한 순간, 37세에 전직할 수 있었습니다.

다들 나아갈 방향을 모르기 때문에 멈춰 있는 것뿐입니다. 정말로 가고 싶은 방향을 발견한다면 제대로 행동에 나설 수 있습니다.

그러려면 우선 '원하는 미래를 그려보는 것'이 필요합니다.

그리고 '오늘부터 미래를 위한 행동을 하는 것'이 중요합니다.

'내일이 되면 행동하자.' 이래서는 아무것도 바뀌지 않습니다.

# 가벼운 마음으로 살기 위한 체크 포인트

1. '○○○이 되면 하자.'라고 말하는 순간 당신의 성장은 멈춰버린다.
2. 멈춰서 생각하겠다고 마음먹으면 더더욱 자기 자신을 알 수 없게 된다.
3. '어느 쪽이 손해 보지 않을지' 생각하다 보면 어디로도 움직일 수 없다.
4. 쓸데없는 참견을 하는 사람에게는 '너나 잘하세요.'라고 (마음속으로) 소리쳐주자.
5. '근거 없는 자신'은 '근거 있는 자신'보다 더 강하다.
6. 아무런 계획도 준비도 없이 우연히 '최고의 인생'이 될 가능성은 낮다.
7. 바라지 않는 일만 일어나는 것은 '되고 싶은 모습'이 아직 명확하지 않아서이다.

에필로그

# 인생은 시간이 아니라 '감정'으로 짜여 있습니다

저는 세미나를 개최하거나 카운슬링을 하고 스태프로서 세미나에 참가할 때에 다음과 같은 신념을 가지고 일합니다.

'사람들이 여기에 올 때보다 가벼운 마음으로 귀갓길에 오르게 하자.'

조언을 듣고 나면 가벼운 마음이 되는 게 당연하게 보일지 모르지만 사실 세미나에 참석한 사람 중에는 그렇지 못한 경우도 있습니다. 세미나에 참가해서는 막상 다른 사람과 비교하면서 제대로 해내지 못하는 자신의 모습에 초점을 맞추고 침울한 마음으로 귀가하는 사람이 적지 않습니다.

기껏 시간과 돈을 들여서 참석했는데 무거운 마음으로 돌아간다면 주최자로서 이를 차마 눈뜨고 볼 수는 없지 않습니까? 그래서 제가 관여하는 세미나에서는 참가자가 반드시 가벼운 마음으로 돌아가게 만들겠다는 신념만큼은 절대로 양보하지 않고 제대로 실천하기 위해 애쓰고 있습니다.

마찬가지로 이 책도 읽으시는 여러분의 마음이 가벼워질 수 있도록 최대한 상냥하게 알기 쉬운 예를 들면서 쓰려고 애썼습니다.

인생은 시간으로 이루어져 있는 걸까요?

아니오, 인생은 시간으로 이루어져 있지 않습니다. 인생은 감정으로 이루어져 있습니다.

그도 그럴 것이, 추억이란 전부 감정이 차오른 순간에 겪은 일입니다. 아무 감정도 생겨나지 않았던 순간의 사건은 전혀 기억나지 않습니다.

감정을 컨트롤하는 것은 중요한 일이지만, 감정을 너무 컨트롤해서 억눌러 죽여버리면 인생이 통째로 없어질 수도 있습니다.

감정을 놓아버림으로써 인생을 놓아버리지 않도록 주의할 필요가 있습니다.

그러니 이미 느낀 싫은 감정을 놓으려면 어떻게 하면 좋을지 집중하는 대신, 어떤 감정이 되고 싶은지 집중해서 그렇게 되기 위한 행동을 취하시길 바랍니다.

물론 하다 보면 도중에 원하지 않던 감정에 처하는 일도 있겠지요. 그렇다면 다시 이 책을 읽고 어떻게 하면 원하는 감정 상태가 될지 집중하도록 합시다.

아무런 추억도 없는 인생보다 많은 경험을 하고 별일 다 있었지만 돌아보면 역시 열심히 노력해서 즐거웠다고 느끼는 삶이 멋지다고 생각하니까요.

여러분의 인생이 멋진 감정으로 가득 차기를 바랍니다!

생각이 많아
잠이 오지 않을 때
읽는 책

**초판 1쇄 인쇄** 2017년 2월 24일
**초판 1쇄 발행** 2017년 3월 3일

**지은이** 나카무라 마사루
**옮긴이** 정연주

**발행인** 장상진
**발행처** (주)경향비피
**등록번호** 제 2012-000228호
**등록일자** 2012년 7월 2일

**주소** 서울시 영등포구 양평동 2가 37-1번지 동아프라임밸리 507-508호
**전화** 1644-5613 | **팩스** 02) 304-5613

**ISBN** 978-89-6952-154-5 03320